Die Armee

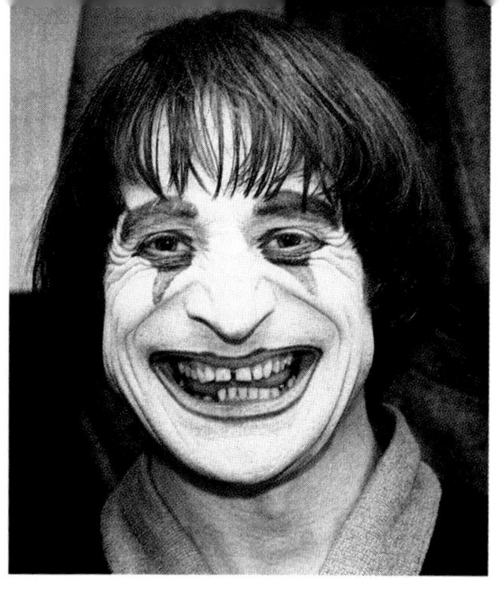

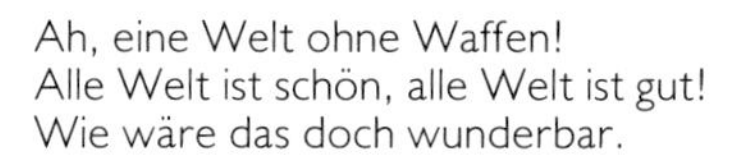

Ah, eine Welt ohne Waffen!
Alle Welt ist schön, alle Welt ist gut!
Wie wäre das doch wunderbar.

Leider zeigt sich uns die Geschichte von einer ganz andern Seite, und das nicht erst seit gestern. Unser Planet gleicht einem Kasperlitheater. Die Guten und die Bösen schlagen sich seit Anbeginn der Zeiten gegenseitig die Köpfe ein.

Selbst wenn unsere Herzen für den Frieden sind, weiß man im voraus, daß die Tauben, die unter dem Jubel der Menge über den Stadien hochfliegen, alle Chancen haben, wenig später gefressen zu werden.

Also «Hoch lebe die Armee» zu schreien, wie man «Zeig's ihm, Kasperli» ruft..., bestimmt nicht. Doch einfach Blümchen ins Haar und ins Knopfloch zu stecken, mit der naiven Gewißheit, daß alles in schönster Ordnung ist und keine besondern Vorkommnisse zu melden sind, das kann gefährlich werden.

Henri Dès,
Liedermacher

Also bitte, wenn Ihr mich fragt: Wie kann man als Mensch, besonders als Clown, für eine Armee sein. Ich bin gegen das Militär und gegen jegliche Waffen. Ich weiß, daß unsere Armee nötig war, aber nur, weil es andere Armeen gibt. Also bin ich nicht nur für eine Schweiz, sondern für eine Welt ohne Militär. Entschuldigt bitte diese Utopie, diese Illusion – Hoffnungen und Träume muß man haben.

Ja, unsere Armee in der Schweiz ist recht, vor allem, wenn man sie mit solchen von diktatorischen Ländern vergleicht. Aber wenn es zu einem dritten Weltkrieg kommt, ist es sowieso das Ende für uns alle: deshalb abrüsten, so schnell wie möglich, und Armeen abschaffen!

Dimitri,
Clown

Als Skipper eines Schweizer Boots, das an internationalen Wettbewerben teilnimmt, lerne ich viele Menschen kennen und gewinne Freunde in allen fünf Kontinenten.

An den Abenden kommt das Gespräch häufig auf die Schweiz, und von da auf unsere Armee. Alle hören mir neugierig zu, wenn ich unser Milizsystem und vor allem die Art beschreibe, wie die Wiederholungskurse oder die Weiterausbildung organisiert sind.

Und wenn jeweils die Feststellung fällt, die Schweiz habe es gut, erlaube ich mir, darauf hinzuweisen, daß dies vielleicht gerade der Armee und ihrem Milizsystem zu verdanken ist. Denn sie schaffen enge Kontakte und eine «Durchmischung», die für das gegenseitige Verständnis unter den Menschen unerläßlich sind.

Pierre Fehlmann jun.,
Skipper der *UBS Switzerland*,
Sieger des «Whitebread Round the World Race»
Major z Vf Art 51 MO

Die Armee:
Jeder Schweizer sieht sie anders...

Der Bürger als Soldat

Schon die alten Eidgenossen kannten das Karree, die Gefechtsstellung der Fußtruppen im Viereck. Die Schweizer von heute demonstrieren mit der wohlgeordneten Formation bei Defilees und andern Aufmärschen ihre Entschlossenheit und Einigkeit. Defilees sind bei Volk und Militärs beliebt: Im Bild der Aufmarsch der Felddivision 2 am 19. Juni 1986 in Neuenburg: 7000 Soldaten defilieren vor 35 000 Zuschauern.

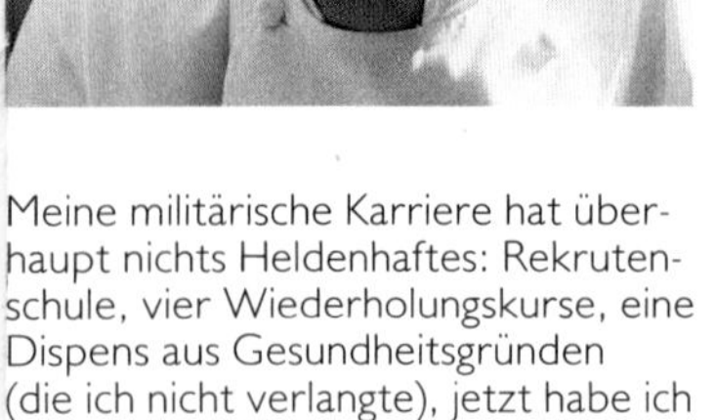

Meine militärische Karriere hat überhaupt nichts Heldenhaftes: Rekrutenschule, vier Wiederholungskurse, eine Dispens aus Gesundheitsgründen (die ich nicht verlangte), jetzt habe ich in Sachen Militär Ruhe.

Dennoch halte ich als Bürger die Armee für die Schweiz, für ihre Unabhängigkeit, für ihre Freiheit als unabdingbar.

Denn leider leben wir nicht in einer Welt, die nur aus netten Menschen besteht. Man muß die Zähne und Krallen zeigen, um respektiert zu werden. Und das allein genügt nicht, man muß sie auch zu benutzen wissen.

Davon abgesehen möchte ich den Militärköchen zu den kollektiven Heldentaten gratulieren, die sie mit ihren bescheidenen Mitteln vollbringen.

Und als glücklicher Besitzer eines Militärvelos hoffe ich, daß das neue Modell, das augenblicklich erprobt wird, etwas leichter sein möge, denn der Aufstieg von Crissier nach Schönried ist hart.

Fredy Girardet,
Koch

Mein erster direkter Kontakt mit der Armee geht aufs Jahr 1957 zurück, als ich dem Frauenhilfsdienst (FHD) als Sanitätsfahrerin beitrat. Insbesondere wegen des Zusammengehörigkeitsgefühls und der guten Kameradschaft habe ich das Militär und den Militärdienst als etwas sehr Positives erlebt. Ich hatte schon damals die Überzeugung, daß unsere Armee und ihre Hilfsdienste einen echten Beitrag zum Frieden und zur Kriegsverhinderung leisten. Gerade wenn wir diese Ziele erreichen wollen, brauchen wir eine starke und gesunde Armee, die jedem potentiellen Gegner unsere Verteidigungsbereitschaft signalisiert.

Elisabeth Kopp,
Bundesrätin

Entscheidend sind die verborgenen Seiten der Schweizer Armee. Diese Institution hat ebensosehr unseren Staat geschmiedet wie unseren Unabhängigkeitswillen und unsere Fähigkeit, jedem Machtmißbrauch zu widerstehen.

Die Armee erleichtert die gesellschaftliche Eingliederung. Das Milizsystem zeigt, daß die Freiheit mit Anstrengungen und Opfern verdient sein will; es verhindert aber auch, daß die militärische Macht ein Staat im Staate wird.

Diese durch Bürokratie bedrohte Armee wird nur durch Erneuerung überleben. Die – notwendige – Hierarchie muß zu überzeugen, zu motivieren lernen. Die Kader der Armee werden morgen ihre Fähigkeit beweisen müssen, ihre Funktionen so auszuüben, daß ihre «Streifen Legitimation erhalten».

Stephan Schmidheiny

Es ist großartig, daß ein so kleines Land wie die Schweiz über so einen fabelhaften militärischen Verteidigungsapparat wie unsere Milizarmee verfügt. Persönlich finde ich, daß es von großer Wichtigkeit ist, unser kleines, rohstoffarmes, jedoch strategisch wichtiges Land verteidigen zu können, denn zu einem anderen Zweck will die Schweiz die Armee nicht unterhalten. Kein anderes Land in Europa verfügt über ein eigenes Verteidigungssystem, das auf freiwilliger Basis und nicht auf einer Berufsarmee aufgebaut ist. Somit kann jeder Schweizer Bürger, der Militärdienst leistet, falls notwendig seine Familie und seine Heimat gegen Angriffe von außen verteidigen.

Christine Stückelberger,
Olympiasiegerin
im Dressurreiten,
Montreal 1976

jeder Soldat erlebt sie anders...

Ich liebe die Schweizer Armee! Während des Aktivdiensts hatten wir einen echten Feind vor uns, einen nationalsozialistischen Feind, der Deutsch sprach wie wir. Man verabscheute ihn vielleicht noch mehr, weil man ihn verstand. Ich hatte «Mein Kampf» gelesen. Die Schweizer Armee war damals Ausdruck unseres nationalen Zusammenhalts, unseres Widerstandswillens. Sie entsprach meinem tiefen, natürlichen Patriotismus.

Diese Armee beschützt unser Land. Schade ist nur, daß sie die Kavallerie abgeschafft hat. Hoffentlich gibt sie nie ihre Maultiere auf, die wir so gern hatten, und ihren Willen, eigene moderne Waffen zu entwickeln und zu bauen.

Dieses Symbol, diese Armee, die niemanden angreift, muß man unter den Schutz des Friedensstifters Bruder Klaus stellen, der soviel dafür getan hatte, damit die Schweizer auf Eroberungen und fremde Kriegsdienste verzichteten. Diese Armee sollte nie von politischen und wirtschaftlichen Kreisen benutzt werden, sie sollte ausschließlich unserer Verteidigung dienen.

Jean Tinguely

Diese Zeilen hat einer geschrieben, der zu Beginn des Zweiten Weltkriegs zwanzig war, den ganzen Aktivdienst geleistet hat und danach noch weitere fünfundzwanzig Jahre Dienst tat.

Während dieser ganzen Zeit gehörte der Militärdienst zu den Grundelementen meines Lebensinhalts. Ein Staat, der nicht den festen Willen hat, sich zu verteidigen, ist kein Staat. Daß ich ihm Monate und Jahre gedient, deshalb mein Studium unterbrochen, Schwierigkeiten im Beruf auf mich genommen und häufig auf Ferien verzichtet habe, gibt mir das Gefühl, zum Bestehen dieses Staats einen notwendigen Beitrag geleistet zu haben. Einen Beitrag, der es ihm zusammen mit jenem von Hunderttausenden von Dienstkameraden in diesen Jahren ermöglicht hat, das zu sein, was er war: ein Staat, der seinen Bürgern eine gewisse Lebensqualität gibt.

Ohne etwas verlangt zu haben, bin ich dafür in außerordentlicher Weise belohnt worden; durch die Freundschaft und durch alles, was ich gelernt habe und was mein Leben zu einem großen Teil erfüllt hat.

Philippe de Weck,
Oberstlt i Gst,
alt Verwaltungsratspräsident
der Schweizerischen Bankgesellschaft

Jedes Land muß sich verteidigen können. Jedes Land muß aber auch mit allen seinen Kräften versuchen, die allgemeine Abrüstung, die kollektive Sicherheit, den internationalen Ausgleich und den Frieden in der Welt zu fördern. Ich habe die Initiative zur Abschaffung der Armee in der Schweiz unterschrieben, denn man muß die Mehrheit unserer Mitbürger, die Regierung, die politische Klasse, die völlig verknöchert sind, dazu zwingen, endlich eine Grundsatzdebatte über unsere Militärbürokratie zu akzeptieren. Was ist mit unserem heutigen militärischen Apparat nicht in Ordnung? Wir haben keine Regelung für die Dienstverweigerer aus Gewissensgründen. Der Auftrag der Armee ist gefährlich zwiespältig: Laut ihren heutigen Führern dient sie ebensosehr dazu, gegen demokratische und pazifistische Bewegungen vorzugehen, die mit Demonstrationen und Streiks die sozialen Strukturen verändern wollen, wie gegen einen Angreifer. Über das Rüstungsbudget wird praktisch nie diskutiert: weder in den Kammern – da habe ich einiges erlebt! – noch in der Öffentlichkeit. Tabu! Dabei werden von privaten Waffenhändlern alle Jahre immense Profite gemacht... auf dem Rücken der Steuerzahler.

Jean Ziegler,
Professor an den Universitäten
Genf und Paris I-Sorbonne,
Mitglied der Geschäftsleitung
der SPS und der
Sozialistischen Internationale

gleichgültig läßt sie keinen...

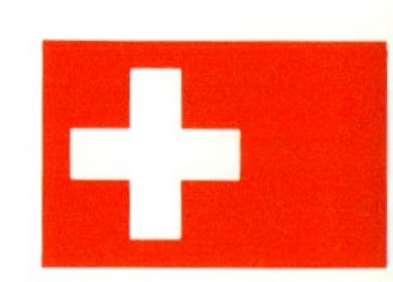

Text: Roger de Diesbach
Fotos: Jean-Jacques Grezet

Mondo-Verlag

1291–1991: 700 Jahre Verteidigung

Die Schweizer Armee wird manchmal belächelt wie die Schweizer Kühe oder die Schweizer Schokolade, und man fragt sich, wer denn überhaupt diese privilegierte Insel des Wohlstands im Herzen Europas bedrohen wolle.

Ein Blick in die Geschichte belehrt eines andern. In unserem Jahrhundert ist dieses neutrale Land von zwei Weltkriegen verschont geblieben... und die meisten Schweizer sind überzeugt davon, daß sie das ihrer Verteidigungsbereitschaft verdanken. Deshalb weigern sie sich, ihre Wachsamkeit aufzugeben und sich durch das heutige Wohlleben einschläfern zu lassen.

Seit der Schaffung der Schweizer Armee als Folge des Bundesvertrags von 1815 hat dieses kleine Land die Speere für seine Verteidigung geschmiedet... dem Stachelkleid eines Igels vergleichbar. Es hat einen großen, kostspieligen militärischen Apparat aufgebaut. Ihn als Teil der helvetischen Folklore abzutun wäre zweifellos falsch.

Dieses Buch ist eine Momentaufnahme der Landesverteidigung, der modernen Schweizer Armee in den Jahren vor 1991, ihrer Strukturen, ihres Materials, ihrer Bewaffnung, ihrer Organisation. Ergänzt durch weitere Schnappschüsse: ihrer Feuerkraft, ihrer Kosten, ihrer Vorzüge und Schwächen, des Vertrauens, das ihr die Bevölkerung entgegenbringt, aber auch des Mißtrauens, der Ablehnung...

Bei schlichten Manövern kann man ihnen begegnen, diesen wütenden, brüllenden helvetischen Horden, die den Gegner allein durch ihren Anblick lähmen. In ihren Adern fließt noch das Blut der Söldnerregimenter, die den Ruhm der mutigen Schweizer begründet haben. So erzählten es mir zumindest altgediente Krieger aus dem Greyerzerland, dem Oberwallis und dem Berner Oberland, denen ein paar Gläschen Wein die Zunge gelöst hatte. Aufschneidereien? Der – selbstverständlich «vernichtete» – Feind wird nicht in den Zeugenstand treten.

Das von den Eidgenossen zur Befreiung von Tyrannen, Fremdherrschaft und Elend begründete militärische Bündnis wandelte sich in der Zeit des Söldnertums zu einer wirtschaftlich einträglichen Institution, zum ersten schweizerischen Multi. Die Angestellten, die heute das Gros des helvetischen Heeres stellen, sehen in ihm vor allem ein Mittel, Verteidigenswertes zu schützen: die Demokratie, ihre Freiheiten, den sauer verdienten Wohlstand, ihre Privilegien.

Die Wurzeln. Was heißt das? Das heißt, zu einem Volk zu gehören, das manchmal Wurzeln essen mußte, um zu überleben, und das dies bis heute nicht vergessen hat. Ein Volk, das vor sieben Jahrhunderten seine Freiheit und seine Verteidigung selbst in die Hand genommen hat.

«Verteidigung = Freiheit.» Dieser Slogan rechtfertigt die militärische Verteidigung seit dem ersten Bund der Eidgenossen im Jahr 1291. Vierundzwanzig Jahre später begraben die Schweizer am Morgarten das Heer Herzog Leopolds von Österreich unter einer Steinlawine. 1393 wird mit dem Sempacherbrief die gemeinsame Verteidigung der Acht Alten Orte und Solothurns erstmals koordiniert.

Heute versteht sich die Armee, gegen alle individualistischen Zeitströmungen, als Symbol des gemeinsamen Verteidigungswillens der sechsundzwanzig Kantone. Dabei ist der militärische Bund von 1291 im Lauf der Jahrhunderte allmählich zur Speerspitze des Bundesstaates geworden. Seit 1848 gibt es eine eidgenössische Armee, und die Kantone haben nur noch untergeordnete militärische Kompetenzen (sie stellen die Infanterieeinheiten und ernennen deren Offiziere bis zum Majorsgrad).

Der Auftrag der Armee hat sich jedoch wenig verändert: Die Neutralität der Schweiz muß notfalls mit Waffengewalt verteidigt werden können, damit dieser Raum im strategischen Herzen Europas nicht zum «Machtvakuum» wird, das automatisch die militärische Intervention fremder Heere nach sich ziehen würde. Die Botschaft ist unmißverständlich: «Niemand braucht die Schweiz zu beschützen, indem er sie besetzt; sie schützt sich selbst.»

Die Abschreckung. Merkwürdiger- oder logischerweise hat sich dieses so gut bewaffnete Volk nur selten fremder Interventionen auf dem eigenen Boden erwehren müssen. Die letzten finden zwischen 1798 und 1815 statt, als die – politisch zerstrittene und militärisch schwache – Schweiz Schauplatz von Kämpfen zwischen dem revolutionären Frankreich und seinen Gegnern wird.

Ansonsten herrscht Frieden. Von drei europäischen Kriegen blieb die Schweiz seit 1815 verschont. Sogar Hitler findet den Preis für den Alpenübergang zu hoch. Nach dem Überfall auf Polen, am 1. September 1939, hat die Schweiz ihre 430 000 Soldaten zu den Waffen gerufen, um diesen Durchgang auf der ganzen Breite zwischen Chur und Waadtländer Jura zu sperren.

Ohne die Bedeutung des Aktivdiensts 1939 bis 1945 in Frage stellen zu wollen, sei doch daran erinnert, daß die plombierten Züge des Deutschen Reichs ohne Schwierigkeiten die von den Achsenmächten eingeschlossene Schweiz passierten. Wieso hätte der Führer Soldaten opfern sollen, um den Durchgang durch die Schweiz freizukämpfen, wo er doch über den Schienenweg... und die Unterstützung eines kleinen Teils der helvetischen Industrie und Finanzwelt verfügte?

Die Schweizer jedoch sehen in der deutschen Zurückhaltung nicht ohne Grund den Beweis dafür, daß die Armee ihre Aufgabe erfüllt hat: den Frieden zu erhalten und jeden potentiellen Gegner zu überzeugen, daß der Eintrittspreis zu hoch ist. Das nennt man Abschreckung.

Neue Bedrohungen. Um jeden möglichen Angreifer abzuschrecken, muß die Schweizer Armee als reine Verteidigungsstreitmacht glaubhaft sein. Diese Forderung gilt in allen Fällen außer dem Atomkrieg als erfüllt. Die wichtigsten Trümpfe sind die Truppenbestände, der Ausbildungsstand der Wehrmänner, die hervorragende Nutzung eines für den Verteidigungskampf idealen Geländes und die Motivation.

Doch die Bedrohung wechselt dauernd! Was könnte die Schweizer Armee in einem Krieg ausrichten, der weltweit, aus dem Weltraum, elektronisch und nuklear geführt würde? Was gegen Attentate, den Terrorismus, den Aufstand einer verelendeten Dritten Welt, ökologische und wirtschaftliche Katastrophen, was gegen den Zweifel?

«Wenn du den Frieden willst, bereite den Krieg vor!» Einverstanden! Die Schweizer haben für ihre Armee Enormes geleistet, und ihr Zivilschutz ist beispielhaft. Aber wird die zukünftige Bedrohung überhaupt militärischer Natur sein?

Der «Bürger als Soldat» ist ein gern zitierter Begriff, und zweifellos ist jeder Schweizer insgeheim geprägt von seinen militärischen Erfahrungen – oder eben ihrem Fehlen. Er hängt am Militär oder ist völlig dagegen... und oft ist er ihm in einer Art Haßliebe verbunden.

Ob Freund oder Gegner: Die schweizerische Landesverteidigung läßt wenige gleichgültig. Dieses Land zählt ständig rund 1,5 Millionen aktive oder ehemalige Wehrmänner... und ebenso viele Kritiker und militärische Strategen...

Gewaltige Truppenbestände	*Einwohner in Mio.*	*Aktive Soldaten*	*Reservisten*	*Total*	*Aktive Soldaten pro km²*
Schweiz	*6,5*	*625 000*	*45 000*	*670 000*	*15,2*
USA	*238,0*	*2 150 000*	*1 350 000*	*3 500 000*	*0,2*
UdSSR	*280,0*	*5 000 000*	*20 000 000*	*25 000 000*	*0,2*
Frankreich	*55,0*	*470 000*	*390 000*	*860 000*	*0,9*
Bundesrepublik Deutschland	*62,0*	*490 000*	*770 000*	*1 260 000*	*2,0*
Deutsche Demokratische Republik	*17,0*	*172 000*	*704 000*	*876 000*	*1,6*
Italien	*58,0*	*385 000*	*800 000*	*1 185 000*	*1,2*
Schweden	*8,4*	*66 000*	*736 000*	*802 000*	*1,6*
Österreich	*7,5*	*55 000*	*122 000*	*177 000*	*2,0*
Israel	*4,2*	*500 000*		*500 000*	*23,8*

Es ist unmöglich, die Schweizer Milizsoldaten, die jedes Jahr einen Wiederholungs- oder Ergänzungskurs absolvieren, mit ausländischen Reservisten zu vergleichen. Diese leisten praktisch ihre ganze Dienstzeit in einem Stück im Alter von 20 bis 22 Jahren, und dann ist mehr oder weniger alles vorbei.
Der logische Schluß: Die Schweiz hat eine der größten Armeen Europas. Zwanzigtausend Soldaten sind ständig im Dienst, außer an Weihnachten und Neujahr...

1

«Wenn du den Frieden willst, bereite den Krieg vor!»

Die Armee der Schweizer sieht ihre Aufgabe ausschließlich in der Verteidigung. Doch dieser Abwehrwille könnte auch zu einer gewissen Abkapselung gegenüber der Außenwelt führen. Und der «schützende» Stacheldrahtverhau mitten in dem langsam zusammenwachsenden Europa wird je nachdem, ob man diesseits oder jenseits der Grenze lebt, mit andern Augen betrachtet.

Ein ganzes Volk in Feldgrau

Die Schweiz hat rund 6 Millionen Einwohner und 625 000 Soldaten, davon 7000 Frauen, 45 000 Offiziere und 110 000 Unteroffiziere. Mehr als 300 000 Personen haben Zivilschutzkurse absolviert.

Artikel 18 der Bundesverfassung verfügt: «Jeder Schweizer Bürger ist wehrpflichtig.» Damit ist die Armee in unserem kleinen Land allgegenwärtig ... sogar im Privatleben. Wenn man sie nicht ständig sieht, dann nur, weil sie Zivil trägt. Volk, Wirtschaft und Armee sind eng verflochten.

Der französische Philosoph Montesquieu sagte im 18. Jahrhundert: «Die Schweiz ist unbezwingbar, weil es keinen Schweizer gibt, der das Waffenhandwerk nicht beherrschte.» Und Victor Hugo schrieb im 19.: «Der Schweizer melkt seine Kuh und lebt in Frieden.» Montesquieu und Hugo hatten beide recht. Der Schweizer ist unbezwingbar, wenn er seine «Kuh» oder seinen Frieden verteidigt.

Ohne eigentlich ein Militarist zu sein, unheroisch und oft eigensinnig tut der Schweizer Dienst, auch wenn es ihn manchmal hart ankommt, die Familie und die Annehmlichkeiten des zivilen Alltags missen zu müssen. Er schimpft vielleicht, aber er marschiert. Nicht immer begeistert, aber mit dem Willen, seine Privilegien zu verteidigen, aus Gemeinschaftssinn und Pflichtbewußtsein. Oder er macht wenigstens mit, weil die andern auch mitmachen.

Dieser Volkswille ist die Seele des schweizerischen Milizsystems und hält es in Gang. Und aufgepaßt: Dieser freiwillige Einsatz in einem der wenigen Länder, wo das Volk über seine eigenen Lasten bestimmen kann, wird durch keinen militärischen Zwang und durch keinerlei Ängste je zu ersetzen sein.

Solange man mit dem Herzen bei der Sache ist, wird das Milizsystem alle technischen Neuerungen überleben. Bei Piloten, Informatikern und anderen Spezialisten wird sich das Berufssoldatentum vielleicht aufdrängen. Doch das Gros der Truppe wird ein Milizheer bleiben.

Friedlich, aber bewaffnet. Vertraut nicht zu sehr auf den Augenschein! In den so sauberen Schweizer Häusern gibt's genug Waffen und Munition, um einer Belagerung zu widerstehen. Jeder Schweizer Wehrmann über zwanzig besitzt ein Sturmgewehr oder eine Pistole und, säuberlich in eine Konservendose verpackt, 24 Schuß scharfe Munition.

Der genaue Bestand des Waffenarsenals in Schweizer Kellern und Estrichen ist nicht zu bestimmen. Hier eine Schätzung für das Jahr 1991:

- 200 000 neue Sturmgewehre 90, Kaliber 5,6 mm
- 555 000 Sturmgewehre 57 7,5 mm
- 1 000 000 Karabiner 7,5 mm
- 100 000 Pistolen SIG 9 mm
- 100 000 alte Militärpistolen
- 100 000 Sammlerwaffen
- 100 000 Jagd- oder Sportwaffen

Diese bescheidene Liste ergibt immerhin 2,15 Millionen Feuerwaffen, mehr als der Anteil der männlichen Erwachsenen an der Gesamtbevölkerung.

Die Schweiz importiert jährlich rund 60 Tonnen Waffen für Private. Nicht zuletzt dank dieser Waffenbegeisterung erbringen unsere Soldaten im Schießen Leistungen, die uns alle in Bern akkreditierten Militärattachés neiden. Die Sicherheitsbestimmungen, die unsere helvetischen Schützen einhalten müssen, lassen ausländische Beobachter erbleichen: In keiner andern Armee wird so nah an der eigenen Truppe vorbeigeschossen, gerade «zwei Finger breit» über den Köpfen der Männer. Dieses Land ist eben klein ...

Ein Demokratiebeweis. Die Schweiz ist das einzige Land der Welt, in dem die Soldaten ihre Waffe nach Hause nehmen. Schon die ersten Eidgenossen trugen das Schwert als Zeichen des freien Bürgers. Indem der Staat seine Bürger bewaffnet, gibt er ihnen ein wirksames Instrument der Kontrolle, ja der Opposition in die Hand. Und es funktioniert! Die rund zweihundert Armeewaffen, die jedes Jahr in der Schweiz verschwinden oder gestohlen werden, sind ein bescheidener Prozentsatz. Und auch der Anteil der mit Feuerwaffen verübten Kapitalverbrechen ist keineswegs höher als in andern europäischen Ländern, ganz abgesehen davon, daß dabei nicht nur Ordonnanzwaffen beziehungsweise Wehrmänner im Spiel sind.

Der Schweizer begeht «gern» Selbstmord mit seiner Dienstwaffe. Aber er richtet sie selten gegen seine Frau und seine Kinder...

Die vom Ausland bewunderte Waffe im Kleiderschrank wird von der eigenen Intelligenz beziehungsweise von Kritikern unseres Staats merkwürdigerweise als Selbstverständlichkeit oder als einfach zur

Folklore gehörend betrachtet. Denn weder gibt ein Herr seinen Sklaven Waffen in die Hand, noch ein Diktator seinen Opfern. Das Sturmgewehr im Schrank ist deshalb ein eindeutiger Beweis für das Vertrauen zwischen Regierung und Bürgern... oder vielmehr dafür, wer letztlich Herr im Schweizer Hause ist. Ob es nun Militaristen oder Antimilitaristen paßt oder nicht, ein Volk in Waffen ist eine Garantie dafür, daß die Armee nicht plötzlich verrückt spielt, eine Garantie für Demokratie.

Supermarkt. Im Mai 1985 will die Genfer Polizei den freien Verkauf einer neuen Armbrust verbieten, deren Pfeile eine Kugelweste noch auf 50 Meter Entfernung zu durchbohren vermögen. Ein Proteststurm ist die Folge. Wehrmänner, Sportschützen, Jäger werfen sich für das Symbol des «Volks in Waffen» wie für liberale Waffenhandel-Gesetze in die Schanzen, genauso wie die Waffenschmiede und Rüstungsbetriebe.

Die mächtige Lobby hat ein Sprachrohr, die Organisation Pro Tell. Sie kämpft gegen Bundes- und kantonale Behörden, wenn diese den Waffenverkauf einschränken wollen. So wurde ein Entwurf für ein eidgenössisches Waffengesetz sowie ein interkantonales Konkordat zu Fall gebracht, obwohl erwiesen ist, daß in der Schweiz und im Ausland Morde mit Waffen begangen wurden, die bei uns zu freizügig über den Ladentisch gehen. Nachbarstaaten haben Bern ersucht, die Kontrolle der Waffenhändler zu verschärfen und die Schweiz nicht zum europäischen «Handfeuerwaffen-Supermarkt» verkommen zu lassen, in dem sich Terroristen aus aller Herren Ländern ungehindert bedienen könnten. Die Antwort von Pro Tell ist, daß Wilhelm Tell in Kuba, Äthiopien, Ungarn, der Tschechoslowakei, in Polen oder Afghanistan seine Armbrust wohl vorsorglich dem Tyrannen Geßler hätte abliefern müssen!

Ein Jahrhundert ohne Krieg. Die Schweizer Armee ist friedfertig und wird nur kämpfen, wenn ein Angreifer unser Territorium verletzt. Sie ist eine der wenigen Armeen, die seit über einem Jahrhundert ihre vordringlichste Aufgabe erfüllt hat: den Frieden zu erhalten. Sie hat die Weltkriege gewonnen, ohne daran teilzunehmen. Sie hat seit ihrer Schaffung 1848 nie eine Niederlage erlitten. Gründe genug für eine gewisse Glorifizierung und soliden Rückhalt in der Bevölkerung.

In dieser merkwürdigen Armee kann man einen pazifistischen Demokraten und den eingefleischtesten Nationalisten Seite an Seite finden. Zweifellos kritisieren beide das herrschende System, aber sie stehen dennoch hinter ihm. Es ist vielleicht nur gerade die extreme Linke, die dieser Armee rundherum abspricht, den Volkswillen zu repräsentieren. Für sie ist sie von der herrschenden Klasse und vom Großkapital «gekauft».

Dabei verläuft die Popularitätskurve der Armee wellenförmig. Sie ist am höchsten, wenn an den Grenzen der Lärm von Marschstiefeln zu vernehmen ist. Trotz des geradezu sprichwörtlichen schweizerischen Widerwillens gegen jede Art von Personenkult hängt noch in so manchem Wirtshaus das Porträt General Guisans, des Oberbefehlshabers im Zweiten Weltkrieg. Mit der Zeit hat sich dieses Symbol des patriotischen Widerstandswillens zum gütig herabblickenden Vater gewandelt, der beim Stammtisch schon beinah dazugehört. Der Armee kann das nur recht sein.

Die Truppe, seine Einheit und seine Diensterlebnisse sind dem Schweizer lieb, aber gegenüber der Militärverwaltung, dem Zeugs aus Bern und dem mächtigen, kostspieligen Armeebetrieb bleibt er mißtrauisch.

Die Armee und die nationale Einheit. Im Jahr 1845 schließen die katholischen Kantone eine Allianz, um die Liberalradikalen an der Vertreibung der Jesuiten zu hindern: den Sonderbund. 1847 beschließt dann die Tagsatzung die Auflösung des Sonderbunds und beauftragt Guillaume Henri Dufour, als Oberbefehlshaber der eidgenössischen Truppen die katholisch-konservativen Kantone zu unterwerfen. Nach 25 Tagen ist es soweit, der Sonderbundskrieg hat 113 Gefallene gekostet. Aber der Gegensatz zwischen dem liberalradikalen und dem katholisch-konservativen Lager bleibt noch lange bestehen. Letzteres muß bis 1986 warten, bevor erstmals ein Christdemokrat die Leitung der Schweizer Armee übernehmen «darf»: Bundesrat Arnold Koller, Appenzeller und Oberstleutnant.

Seit 1848 haben die Kantone allmählich immer mehr militärische Kompetenzen verloren. Die Armee als eidgenössische Institution wirkt zentralisierend, und besonders die heutigen komplizierten Waffensysteme – wie etwa moderne Kampfflugzeuge oder der neue Panzer «Leopard 2» als Gegenschlagskräfte der Armee – machen eine nationale Infrastruktur unabdingbar, in der Spezialisten aus allen Kantonen und Sprachregionen zusammenarbeiten.

Seit ihrer Schaffung ist die Armee zweifellos ein wichtiges Element für die Entstehung einer schweizerischen Einheit und Identität gewesen. Junge Wehrmänner aus verschiedenen Kantonen lernen sich im Dienst kennen; und häufig entdecken sie ihre Heimat gerade während militärischer «Reisen».

Die Uniform ist wie ein kraftvolles Rührwerk, das Menschen verschiedener sozialer und regionaler Herkunft durcheinanderwirbelt und zusammenbringt. Im Dienst geschlossene Bande bleiben auch im Zivilleben, im Geschäftsleben bestehen.

Im April 1986 trifft sich der 1924 gegründete Veteranenverein des Zürcher Gebirgsschützenbataillons 6 im Restaurant «Du Nord» in Zürich zum dreiundzwanzigsten Mal. Fünf Mitglieder sind anwesend. Die über Neunzigjährigen haben in beiden Weltkriegen Aktivdienst geleistet und sind nun zusammengetreten, um den Verein altershalber aufzulösen. Sie beschließen, das nach Bezahlung des Essens übrigbleibende Vereinsvermögen für gute Zwecke zu stiften. Man ißt, trinkt, erzählt aus dem Leben und erinnert sich... Dann nehmen die Jahrgänger von 1896 im «Du Nord» Abschied voneinander – Dienstfreunde sind oft Freunde fürs Leben.

Diese Vertrautheit wäre besonders wertvoll, wenn es den inneren Widerstand oder Guerillaverbände zu organisieren gälte. Die Armee, durch die äußere Bedrohung gerechtfertigt, erlaubt den Schweizern, zusammenzufinden und sich gegenseitig zu überzeugen, daß es sich lohnt, die gemeinsamen Werte und den Sonderfall Schweiz in einer zusehends chaotischer werdenden Welt zu verteidigen. Und das ist beruhigend!

Demokratie und Uniform. Die Schweizer sind für Gleichheit, Sonderrechte mögen sie nicht. In ihrer Armee ist es unmöglich, Dienstgrade zu überspringen. Jeder Offizier hat die Berechtigung für höhere Weihen als Soldat und Unteroffizier verdienen müssen. Die Schweizer Armee ist das demokratischste Heer der Welt, die einzige, in der im Prinzip alle ohne Ansehen der Herkunft und Bildung gleich

---

Die massive Unterstützung der Schützen

Die Schützen sollen eine Lobby sein? Allerdings, und zwar eine mächtige. 1985 gehörten 605 116 Schweizer einer Schützengesellschaft mit einem 300-m-Stand und 45711 einer Pistolenschützen-Gesellschaft an.

«Marktbeherrschend» ist die Stellung des Schweizerischen Schützenvereins mit 587 800 Schützen in 3821 Sektionen, die 2456 Schießstände benutzen und unterhalten. Er setzt sich politisch aktiv für die Landesverteidigung ein und führt im Auftrag des Bundes die obligatorischen Schießübungen durch, und zwar seit 1874. Für das Eidgenössische Militärdepartement (EMD) ist das bei weitem die günstigste Lösung.

Da jeder der 564660 Wehrmänner, die jährlich «das Obligatorische» schießen müssen, automatisch Mitglied eines Schützenvereins wird, hält man sich besser an die Zahlen der aktiven Schützenvereins-Mitglieder. Es sind 150000, ohne jene der angegliederten Vereine. Diese stellen 38000 Pistolen- oder Revolverschützen, 20000 Sport-, 12000 Kleinkaliber-, 7500 Armbrustschützen, 8000 Schützen mit Jagdwaffen.

Die Munition der obligatorischen Bundesübungen nicht mitgerechnet, verfeuern die Schützen 45 Millionen Patronen pro Jahr, mehr als die Armee. Und wenn Bern überlegt, den Preis der Munition zu erhöhen (1965 12, heute bereits 35 Rappen), drohen die Schützen damit, ihre Munition im Ausland einzukaufen. Eine wirkungsvolle Drohung, denn für das EMD ist der Verkauf an die Schützenvereine die einzige Möglichkeit, die enormen Bestände an Kriegsmunition, eine relativ leicht verderbliche Ware, schnell genug umzuschlagen.

Verständlich, daß der Vorsteher des EMD sich am «Eidgenössischen» blicken läßt. Das bisher letzte dieser nationalen Schützenfeste fand 1985 in Chur statt, mit einem Budget von 16,5 Millionen Franken und 88000 Schützen, darunter 800 Frauen.

Die Schweizerische Industrie-Gesellschaft (SIG) in Neuhausen am Rheinfall ist die Mutter beinahe aller schweizerischen Ordonnanzwaffen, vom 10,4-mm-Repetiergewehr System Vetterli von 1869 bis zum neuen Sturmgewehr 90. Zur Feier ihres 125jährigen Bestehens bringt die SIG 1985 eine Spezialserie von 500 Pistolen P 210 auf den Markt, die nach 14 Tagen ausverkauft ist. Eine nachgeschobene «Jubiläumsserie» von 2000 Pistolen P 220 ist in zwei Monaten weg. Die SIG mußte nochmals 3000 «Fest-Pistolen» P 226 herausbringen, ohne allerdings den unglaublichen Appetit der Pistolenliebhaber stillen zu können.

Und Ende 1986 kommt die SIG nicht aus dem Staunen heraus: In weniger als einem Jahr liegen 6000 Bestellungen von Zivilpersonen für das neue Sturmgewehr vor, das Ende 1988 lieferbar sein wird. Kurz vor Weihnachten waren es 1000 Bestellungen ... Preis dieses Weihnachtsgeschenks: 2150 Franken.

---

behandelt und die Söhne der faktisch natürlich durchaus vorhandenen Elite manchmal sogar härter angefaßt werden.

Diese Armee hat aber auch unabänderliche Mängel. Die Kehrseite der Demokratie in Uniform ist Gleichförmigkeit, ja Gleichmacherei.

Die Rekrutenschule ist für die jungen Schweizer eine Schule der nationalen Werte: Zucht, Ordnung, Genauigkeit, Sauberkeit usw. Das ist zweifellos zu begrüßen. Aber sie machen auch mit einer übertrieben starren Hierarchie Bekanntschaft, mit einer gewissen Bevorzugung körperlicher Leistungen und manchmal, wie in allen Schulen für junge Männer, mit Dummheit, Prahlerei, Alkohol.

Zwar schadet es nichts, daß man lernt, die Faust im Sack zu machen. Aber daß Persönlichkeiten gebrochen werden, geht zu weit. Die Rekruten müssen sich einer Autorität unterordnen, die nicht immer «natürlich» ist, die schnell zur Krücke der Strafen und Schikanen greift. Einige erholen sich nie davon, andere können nicht vergessen.

Roger Mabillard, Ausbildungschef bis 1987: «Automatismen erwirbt man nur durch ständiges Wiederholen ein- und desselben Handgriffs, durch notwendigerweise langweiligen Drill.» Er hat recht. Aber manche Wehrmänner erwerben solche Automatismen weniger rasch als andere. Während diese üben, langweilen sich die andern. In der Armee gewöhnt sich der Schweizer an die Langeweile.

Und dann gibt es die Angst vor der Phantasie, vor Neuem, vor allem, was nicht der Norm entspricht, vor Plattfüßen, Umweltschützlern, Langhaarigen, vor der UNO und weiß Gott sonst was.

Eigentlich hat die Armee alle Fehler eines autoritären Vaters. Sie ist die letzte Hüterin des Familiensinns in einer Schweiz, die mit den Lockungen und Gefahren einer internationalen Gesellschaft konfrontiert ist.

Die unersetzliche Freiwilligkeit

Neben ihren 13 Millionen Diensttagen pro Jahr widmen die Schweizer Milizsoldaten alljährlich noch Millionen von «zivilen» Stunden ihren militärischen Aufgaben. Für die Grenzdivision 7 hat man deren Zahl 1979 genau ausgerechnet und kam auf:

- 226 Stunden für Regimentskommandanten
- 206 Stunden für Bataillonskommandanten
- 190 Stunden für Kompaniechefs.

Die rund 400 Offiziere dieser Division leisteten im Erhebungsjahr 54400 nichtbesoldete Stunden (114,4 Stunden pro Kopf). Das entspricht der Arbeitsleistung von 25 Ganztagsangestellten.

Wenn man annimmt, daß 30000 der insgesamt 45000 Schweizer Offiziere diese 114 Stunden dem Vaterland opfern, ergibt das 3,42 Millionen Stunden. Bei einem Ansatz von 30 Franken sind das immerhin 102,6 Millionen Franken. Ein Fünftel dieser Stunden fällt in die Arbeits-, der Rest in die Freizeit. Hinzu kommen die nicht unbedingt freiwilligen, aber unbesoldeten außerdienstlichen Tätigkeiten der Unteroffiziere und Soldaten (Obligatorium, Inspektionen). Das Milizsystem erspart dem Bund einiges.

Tausende geschenkter Tage. Und dann gibt es die «Geschenke», die man der Armee bereitwillig macht: Ohne die Obligatorisch-Übungen, Defilees oder Musikfeste und Ständchen der Spiele zu zählen, haben die Schweizer 1985 an 3410 außerdienstlichen Veranstaltungen teilgenommen und so dem Vaterland Tausende von unbesoldeten Tagen gegeben.

Fünfkampf, Märsche, militärische Wettkämpfe, Läufe bei Tag, bei Nacht, in den Bergen, Orientierungsläufe, Militärradsport: tausend Veranstaltungen locken jährlich rund 90000 Soldaten an. Und zahlreiche Instruktionskurse werden von 69000 Wehrmännern freiwillig absolviert. 1985 waren es allein 39000 Wehrmänner, die an außerdienstlichen Pontonierübungen teilnahmen.

Aber auch die Ablösung will vorbereitet sein: 35000 junge Schweizer absolvieren alljährlich militärische Vorkurse, davon 30000 den Jungschützenkurs. Immer noch 1985 nahmen 605 junge Freiwillige an Flugzeugerkennungsübungen teil, 689 lernten trommeln, 464 besuchten die Fliegerische Vorschulung, 105 ließen sich in die Geheimnisse des Fallschirmspringens einweihen, und 27 ergriffen den Beruf des Militär-Hufschmieds.

Die Miliztradition in fremden Augen. Unser Milizsystem erstaunt den Ausländer weit mehr als die Schweizer, die es seit je in verschiedenen Spielarten kennen, sei es in der Rechtsprechung, beim Straßenunterhalt oder bei Wasserkorrektionsarbeiten.

John McPhee, Journalist des «New Yorker», macht keinen Hehl aus seiner Bewunderung für diese Milizarmee: «Die Grenadiere der Schweizer Armee sind genauso stolz auf sich wie die US-Marines. Sie sind auf waghalsige Übungen spezialisiert, die unter freiem Himmel auf über 2000 Meter Höhe stattfinden. Sie sind Berufsbergsteiger, atemberaubende Skifahrer, Experten für Sprengungen, Eliteschützen; sie schlafen auf Granit und leben von Schokolade. Manche von ihnen sind Bankiers, andere Chauffeure, Zahntechniker, Ingenieure, Bergführer ...»

Einer der entscheidenden Vorteile des Milizsystems ist, daß der Armee die im Zivilleben erworbenen Kenntnisse und Fähigkeiten der Wehrmänner zugute kommen. Aber nutzt man dieses Kapital auch immer?

Erstaunlicherweise findet die Milizarmee gerade im Zeitalter der elektronischen Kriegführung eine neue Existenzberechtigung: Die mit «Space War» und andern elektronischen Spielen aufwachsenden Jungen von heute sind die Eliteschützen von morgen.

Der Papierkrieg. Wieviel guter Wille, aber auch wieviel unnützer Papierkram, wieviel sinnlos vergeudete Zeit, die dem Zivilleben, die der Wirtschaft verlorengeht! Die Führung des EMD und der Armee ist sich dieser Gefahr bewußt und hat dem Papierkrieg den Krieg erklärt... mit Befehlen, die in mehrfacher Ausführung in alle Landesgegenden verschickt wurden.

Doch der administrative Papierwust hat ein zähes Leben. Hier die Nachteile und die Gründe, wieso es ihn trotzdem gibt und immer geben wird:

– Der Papierkrieg schadet der Kampfausbildung ganz direkt: Er hält den Kommandanten, dessen Platz eigentlich bei der Truppe ist, im Büro fest. Er erstickt jede Initiative und öffnet kleinlichen Schikanen Tür und Tor. Denn in welchem Kompanie- oder Bataillons-KP (Kommandoposten) gäbe es nicht irgendein unerledigtes Formular, irgendein Komma am falschen Platz?

– Der Papierkrieg ermöglicht es dem Kommandanten, sich jederzeit gegenüber seinen eigenen Vorgesetzten abzusichern: «Das ist nicht mein Fehler! Ich habe das Erforderliche veranlaßt, mit schriftlichem Befehl!»

– Der Papierkrieg rechtfertigt Existenz und Notwendigkeit aller Kommandanten, zugeteilten und andern Stabsoffiziere, deren Tätigkeit keinerlei Spuren hinterließe, gäbe es keine schriftlichen Befehle. Und im allgemeinen gilt: Je länger der Befehl, desto wichtiger nimmt sich derjenige, der ihn erlassen hat.

Der Papiertiger

Das Herz des Bundesverwaltungs-Papierkriegs schlägt in Bümpliz, in der EDMZ oder Eidgenössischen Drucksachen- und Materialzentrale. Nicht weniger als 30 Tonnen Papier und andere Materialien werden hier von den 170 Bundesangestellten täglich umgeschlagen. Sie verschicken Formulare an andere Bundesstellen, Kantone und Gemeinden und beliefern beispielsweise auch die diplomatischen Vertretungen im Ausland. Ein großer Teil des Papierbergs betrifft jedoch die Landesverteidigung.

Von der gesamten Lagerfläche der EDMZ, 18500 Quadratmetern, ist beinahe ein Viertel, nämlich 4200 Quadratmeter, mit militärischen Drucksachen belegt. Hier lagern 2000 verschiedene Reglemente in drei Sprachen und 500 Formularsorten. Es gibt ein Reglement über das Lesen von Reglementen, ein anderes erklärt Handhabung und Unterhalt des Militärvelos. In gesicherten Kellern liegen, säuberlich aufgestapelt, vertrauliche Dokumente: Mobilmachungsplakate, Rationierungskarten ... Jährlich gehen fünf Dienstsachen verloren, beim Postversand, durch Unfälle oder wegen Ablebens des Empfängers. Doch meistens findet man die auf Abwege geratenen militärischen Postsendungen wieder.

Alljährlich bombardiert Bümpliz die diensttuenden Truppen mit 17000 Formularpaketen, Zielscheiben und andern Drucksachen. Drei Angestellte sind ausschließlich mit der Entgegennahme der telefonischen Bestellungen beschäftigt. Eine Computerliste mit 30000 Adressen von Kommandanten, kantonalen Verwaltungen, Zeughäusern usw. beschleunigt die Arbeit und verringert die Fehlerquote.

Der Leiter dieser EDMZ-Abteilung ist stolz auf seinen Betrieb: Er kommt mit vier Sekretärinnen an Textverarbeitungssystemen aus. Vier Sekretärinnen? Wo doch jede Schweizer Kompanie unbedingt drei Schreiberlinge braucht! Der Krieg gegen die Bürokraten ist noch nicht gewonnen.

Um seine geheimen und streng geheimen Materialien zu publizieren, verfügt das Militärdepartement über eine kleine, geschützte Druckerei. Für den Krisen- oder Kriegsfall sind vergleichbare Anlagen in Felskavernen eingerichtet worden.

Wer keinen Befehl produziert hat, den kennt man nicht. – Der Papierkrieg führt zu einer einseitigen Auslese der Kommandanten. Übrig bleibt nur, wer ein Verwaltungsgenie ist oder eine Sekretärin hat.

Unterstützung durch PISA. Die Armee wehrt sich gegen den Papierkrieg. So sollen künftig die Verzeichnisse aller mobilmachungspflichtigen Schweizer Wehrmänner auf den Militärkontrollbüros computerisiert werden. Damit hält die elektronische Datenverarbeitung bei einer Aufgabe Einzug, die heute 215 vollamtliche kantonale und 115 Bundesbeamte beschäftigt und die Kompaniekommandanten und Sektionschefs Millionen von Arbeitsstunden kostet.

Es handelt sich um das EDV-System PISA (Beschaffungskosten 20 Millionen, jährliche Betriebskosten 10 Millionen Franken). Es wird 75 Prozent der Arbeiten erledigen, die bisher von Hand gemacht wurden (Mutationslisten, Erstellen und Versand der Marschbefehle usw.). Dank PISA kann ein Fünftel der zuständigen Beamten eingespart werden, und es wird die Kommandanten aller Stufen von aufwendigen administrativen Arbeiten entlasten. PISA wird die Informationsbeschaffung beschleunigen. Und im EMD versichert man, daß sich die Gefahr des Mißbrauchs persönlicher Daten nicht erhöhe.

Das Rechenzentrum PISA ist gegen elektronische Angriffe beziehungsweise gegen den sogenannten NEMP (nuclear electromagnetic pulse), den bei der Explosion einer in großer Höhe gezündeten Atombombe entstehenden elektromagnetischen Impuls, gesichert. Denn eine so lancierte Atombombe selbst nur mittlerer Stärke brächte aufgrund des NEMP-Effekts beispielsweise alle Motoren und Computer augenblicklich zum Stillstand. Deshalb werden alle PISA-Computerdaten regelmäßig kopiert, und im Ernstfall kann die Militärkontrolle auch schnell wieder «auf Handbetrieb» umgestellt werden.

Das Biscuit-Syndrom

Mein Sohn Gilles ist achtjährig. Wenn eine Kompanie Soldaten in Gruppenformation bei uns vorbeimarschiert, steht Gilles am Straßenrand, geduldig wie sonst nie. Und weil er nicht auf den Kopf gefallen ist,

Das wichtigste Gerät des Schweizer Offiziers wartet auf seinen Einsatz...

hält er sein vierjähriges Brüderchen an der Hand. Ein bezauberndes Bild ... und erst noch einträglich. Es genügt, daß ein Soldat in der ersten Gruppe den Kindern eine Ration Schokolade, Studentenfutter oder Soldatenbiscuits zusteckt, und schon werden die beiden mit Proviant überhäuft. Gilles meint dazu: «Ich habe die Soldaten gern, sie geben mir Biscuits.»

In der ganzen Schweiz wachsen Zehntausende von Gilles heran, die ihre Vorräte an «Bundesziegeln» (die unsäglich harten, faden Dinger der Kriegs- und Nachkriegszeit sind längst durch recht schmackhafte Biscuits ersetzt worden) und Dosen-Fleischpasteten mit der Liebe zur Landesverteidigung assoziieren. Etwas wird sicher hängenbleiben... Der Geschmack besagter Fleischpasteten ist übrigens bedeutend besser als jener der Schweizer Wehrmänner, die dafür einen Spitznamen verwenden, den zu zitieren wir uns versagen.

Breite Kreise profitieren in der einen oder andern Weise von dem militärischen Manna. Und die Bedeutung der Schweizer Armee ist deshalb ebensosehr wirtschaftlicher, sozialer, psychologischer und patriotischer wie militärischer Art.

Schöne Karrieren. Der Rüstungskonzern Oerlikon-Bührle verlangt von seinen Kaderleuten mindestens den Hauptmannsgrad. Und wenn möglich sollten sie die Generalstabskurse absolviert haben, die unerläßlichen Übertrittsexamen für die Elite der höheren Offiziere. Eine militärische Beförderung zieht häufig eine Beförderung im Beruf nach sich. Ein Oberst ist selten simpler Büroangestellter. Und was für die Wirtschaft gilt, trifft auch für die Bundesverwaltung oder das Schulwesen zu. Viele der glänzendsten Karrieren in diesem Land verdanken der Schubwirkung militärischer Gradabzeichen ebensoviel wie dem Erfolg im Beruf.

Idealisten beklagen, daß der Dienst am Vaterland nicht immer uneigennützig ist. Und gewisse traditionsbewußte Militärs finden das einfach skandalös. Doch die fremden Kriegsdienste waren auch nicht umsonst. «Kein Geld, keine Schweizer!» Der französische Dichter Racine hatte damit zweifellos recht.

Die Aufträge der Armee. Nimmt man Bewaffnung, Mannausrüstung, Munitionsbedarf sowie Forschung und Entwicklung zusammen, belaufen sich die Einkäufe des Militärs bei der Schweizer Industrie jährlich auf über 1,3 Milliarden Franken: Das sind rund zwei Drittel der gesamten militärischen Aufträge von 2 Milliarden Franken. Die Schweiz kauft den westlichen Ländern jedes Jahr für mehr als 700 Millionen Franken Rüstungsgüter ab.

Aber da ist ein Unterschied. Die Käufe im Ausland sind häufig von sogenannten Kompensationsgeschäften begleitet. Diese Abkommen verpflichten das Exportland, für den ungefähren Gegenwert schweizerische Waren oder Dienstleistungen zu beziehen. Ein Beispiel: Als die Schweiz 1975 die amerikanischen «Tiger»-Kampfflugzeuge kaufte, erreichte sie, daß die Herstellerfirmen bei der Schweizer Industrie Kompensationsgeschäfte in der Höhe von 329 Millionen Dollar in Auftrag gaben. Seit 1975 wurde beim Kauf zahlreicher anderer Waffensysteme (Rapier, Maverick, Taflir, Omega, Tow, Leopard) ebenso verfahren. Die Rüstungsaufträge der Armee kommen also der Schweizer Industrie selbst dann zugute, wenn sie an ausländische Firmen gehen. Alljährlich arbeiten übrigens nicht weniger als sechstausend schweizerische und ausländische Unternehmen für die Schweizer Armee.

In der Krise der siebziger Jahre sicherten die militärischen Aufträge vielen Firmen das Überleben, und gleichzeitig wurde auch die Kritik an der Rüstungsindustrie immer zurückhaltender, genauso wie die Angriffe auf Unternehmer, Banken und die Multis!

Zwar verweigern die Sozialdemokraten gelegentlich dem – ihrer Meinung nach zu hohen – Militärbudget die Zustimmung, doch wenn die Armee in der Schweiz kauft, sagen sie selten nein.

Dank dem guten Klang des «Swiss made» und der Allianz zwischen Armee und schweizerischer Rüstungsindustrie konnte die Schweiz ihre Bewaffnung in weniger als zehn Jahren beträchtlich modernisieren. Die einheimische Wirtschaft hat davon in reichem Maß profitiert.

Vier Trümpfe. Schweizer Fabrikate kaufen oder ausländische Erzeugnisse in der Schweiz unter Lizenz herstellen ist zwar teuer, bringt aber allen Beteiligten im Lande beachtliche Vorteile:

1. Die Armee gewinnt dabei die Unterstützung der Wirtschaft und der Arbeiterschaft.
2. Die Industrie gewinnt dabei ausländisches Know-how und lernt beispielsweise beim Zusammenbau des deutschen Leopard 2 in der Eidgenössischen Konstruktionswerkstätte in Thun die Geheimnisse modernster Panzerfahrzeuge kennen.
3. Die Gewerkschaften sind zufrieden, weil Tausende von Arbeitsplätzen erhalten bleiben.
4. Die Schweiz erlangt mehr Sicherheit bei der Versorgung mit Waffen und Munition sowie beim Unterhalt. «Swiss made» ist eine strategische Rückversicherung, und deshalb werden beispielsweise die Gewehre immer in der Schweiz hergestellt.

In den USA, neben der Bundesrepublik Deutschland unser größter Waffenlieferant, macht die Administration regelmäßig Schwierigkeiten, bevor sie dem Export von Waffen und militärischer Technologie in die Schweiz grünes Licht erteilt. Ihre Bedenken, daß so militärisches Know-how in den Osten gelangen könnte, sind ja angesichts der Schlagzeilen über dubiose Waffengeschäfte, in denen Schweizer Briefkastenfirmen eine Rolle spielen, nicht ganz unberechtigt. Diese Fragen erörterte 1984 der damalige EMD-Vorsteher Jean-Pascal Delamuraz bei seiner Amerikavisite ausführlich mit den zuständigen Stellen ... ebenso wie die Möglichkeit einer Beteiligung der Schweizer Industrie am sogenannten «Krieg der Sterne».

Das gute Einvernehmen. Der Verein Schweizerischer Maschinenindustrieller (VSM) ist bei der Planung der Rüstungsprogramme eng beteiligt. Mehrere Arbeitsgruppen mit Vertretern der Industrie und des EMD treten regelmäßig zusammen, um über künftige militärische Aufträge zu sprechen. Und wenn unter der Bundeshauskuppel auch einige Pazifisten und Kommunisten sitzen, kann doch die Rüstungsindustrie als Gegengewicht weit mehr – selbstverständlich indirekte – Vertreter und Anhänger aufbieten.

Als die Schweiz beschließt, für 3,4 Milliarden Franken 380 deutsche Kampfpanzer Leopard 2 zu kaufen, fordert die Rüstungsindustrie sofort, daß 345 dieser Tanks in Schweizer Lizenz gebaut werden. Laut EMD sichert dies rund 13000 Mannjahre Arbeit. Von den Aufträgen, die mit dem Bau dieser Leopard 2 verbunden sind, gehen 67 Prozent an 854 schweizerische Lieferanten (davon 149 Westschweizer und 23 Tessiner Unternehmen). Der Hersteller Krauß-Maffei und die andern am Bau beteiligten deutschen Firmen haben sich zudem verpflichtet, die Kaufsumme des Leopard 2 zu 100 Prozent mit zusätzlichen Aufträgen in der Schweizer Wirtschaft zu kompensieren. Ende 1986 hatten diese Kompensationsgeschäfte bereits die Summe von 840 Millionen Franken überschritten.

Der Lizenzbau des Leopard 2 wird die Rechnung für dieses bisher kostspieligste Beschaffungsprogramm der Armee um rund 500 Millionen verteuern. Wäre es da nicht gescheiter, dieses Geld einfach unter den Schweizer Arbeitern zu verteilen? «Nein», erwidert man in Bern, «der wirtschaftliche Aufschwung, den diese Aufträge für die zahlreichen beteiligten Firmen bedeuten, wird sich auch auf andere übertragen. Und die Schweizer Industrie muß das erforderliche Know-how für den Panzerbau erwerben (Spezialpanzerungen, Infrarot- und Lasertechnologie usw.).»

«Die Armee abschaffen? Aber das würde ja die Schweizer Wirtschaft gefährden!» Alles hängt eben zusammen.

1200 Lastwagen. Die Entscheidung für Schweizer Fabrikate bringt manchmal Überraschungen mit sich – Beispiel: die «Saurer»-Lastwagen. 1982 bestellte das Parlament bei Saurer im thurgauischen Arbon, einem Unternehmen, das damals in Schwierigkeiten steckte, 1200 schwere Lastwagen (das EMD hatte anfänglich nur einen Bedarf von 400 angemeldet); der 10 bis 20 Prozent billigere österreichische Konkurrent Steyr-Puch fiel aus dem Rennen.

Patriotisches Pech? Kaum ist der militärische Auftrag erteilt, wird Saurer vom deutschen Mercedes-Daimler-Benz-Konzern aufgekauft, der auch an Steyr-Puch beteiligt ist. Großes Staunen im Bundesrat, den zu informieren niemand für nötig befunden hatte ...

Anfang 1986 gibt's eine neue Überraschung, diesmal allerdings eine gute! Wegen der geringen Teuerung kosten die Saurer-Lastwagen 20 Prozent (oder 90 Millionen Franken) weniger als vorgesehen.

Ende 1986 dann der Schock! Saurer verzichtet auf einen letzten Stützpfeiler, die Produktion von Webstühlen. Im Verlauf des Jahres sind 400 Arbeitsplätze abgebaut worden, Saurer beschäftigt noch 3315 Mitarbeiter.

Panzermontagehalle in der Eidg. Konstruktionswerkstätte Thun. Rüstungsaufträge sind auch für die Privatwirtschaft interessant.

Spielregeln der Militärpolitik. Wenn die Armee eine neue Waffe beschaffen will, informiert sie sich auf dem Weltmarkt und evaluiert verschiedene verfügbare Modelle. Kaufen möchte und sollte sie natürlich das beste.

Bei gleichen Eigenschaften hat das Schweizer Fabrikat selbstverständlich die besten Chancen, sich gegen die ausländische Konkurrenz durchzusetzen. Das Spiel, bei dem es um militärische, wirtschaftliche und politische Interessen geht, wird jedoch häufig mit verdeckten Karten gespielt und verlangt von den Spielern allerhand Können.

Nehmen wir das Beispiel des Panzerjägers. 1986 kauft die Armee für 400 Millionen Franken bei der Mowag in Kreuzlingen (TG) gepanzerte Fahrzeuge des Typs «Piranha». Dies zum großen Leidwesen der Ateliers de Constructions mécaniques in Vevey, die sich mit dem französischen Panzerfahrzeug VAB von Renault/Creusot-Loire beworben hatten. Vevey versicherte, daß der VAB-Panzerwagen, in den Werkstätten am Genfersee gebaut, ebensoviel Arbeit in der Schweiz gebracht hätte wie der Piranha.

Dennoch wurde er von der Armee gar nicht erst erprobt. Hier die – zum Teil erstaunlichen – Gründe, die für Mowag sprachen:

– Der letzte Armeeauftrag an Mowag lag über dreißig Jahre zurück. Das EMD ist jedoch bemüht, eine selbständige einheimische Rüstungsindustrie zu erhalten und zu unterstützen.
– Die amerikanischen und kanadischen Streitkräfte haben von Mowag Piranha-Radschützenpanzer gekauft. Bern fühlte sich deshalb zu einer Geste gegenüber der Rüstungsexportwirtschaft verpflichtet.
– In den siebziger Jahren hatte Rudolf Gnägi als Vorsteher des Militärdepartements amerikanische M-113-Schützenpanzer als Begleitfahrzeuge für die neuen Panzerhaubitzen gekauft... eine schwere Niederlage für die auch von den Gewerkschaften unterstützte Mowag, die bei der Evaluation in den sechziger Jahren zuerst mit dem «Pirat»-Kettenfahrzeug und später mit dem Piranha ins Rennen gestiegen war. Bereits damals sprach man von einem späteren Trost.
– Damit ihm der Entscheid verziehen werde, empfahl Rudolf Gnägi, das Gesetz zur Begrenzung der Waffenexporte in Spannungsgebiete im Fall von Mowag großzügiger zu handhaben. Der Zürcher Rudolf Friedrich nahm dieses Anliegen als Nationalrat und später als Bundesrat wieder auf. Er befüchtete näm-

Der EMD-Geldsegen für die Kantone

Der Garten der helvetischen Wirtschaft wird vom Militärdepartement nicht in jedem Kantonsbeet gleich fleißig begossen. Bern und Zürich, ohnehin die reichsten, erhalten den Löwenanteil. Unsere Schätzung berücksichtigt die drei folgenden Posten: 1. die Gehälter für die 19 589 Mitarbeiter des EMD, total 1,252 Milliarden Franken; 2. die militärischen Aufträge für die Unternehmen der verschiedenen Kantone, dazugezählt werden die Leistungen Berns an die kantonalen Militärverwaltungen, insbesondere für die Ausrüstung der Rekruten; 3. die Ausgaben der Truppen in den Regionen, in denen sie ihren Dienst absolvieren, also die bereits erwähnten 250 Millionen Franken.

Anmerkung: Die Beschaffung des Leopard-2-Kampfpanzers, deren Kosten hier nicht eingerechnet sind, wird die Vormachtstellung von Zürich und Bern noch verstärken; die Kaufsumme für die Piranha-Panzerjäger von Mowag muß zum größten Teil beim Thurgau hinzugerechnet werden. Selbst der damalige Vorsteher des EMD, Jean-Pascal Delamuraz, fand 1986, daß die Westschweiz nicht genug militärische Aufträge erhalte. Zwischen 1981 und 1985 gingen 39,7 Prozent der insgesamt 6,085 Milliarden Franken in den Kanton Zürich. Und das «goldene Rüstungsdreieck» Zürich–Aargau–Schaffhausen–Thurgau erhielt sogar 58,5 Prozent dieses Kuchens. Der Anteil der Romands überstieg kaum 8, derjenige des Tessins betrug gerade 1 Prozent. Um einen gerechteren Anteil an den Rüstungsausgaben zu erhalten, haben sich die Westschweizer Unternehmen im Mai 1987 zu einer Interessengemeinschaft zusammengeschlossen: Die «Groupe romand de production de matériel militaire» (GRPM) wird künftig als Sprecher von rund vierzig Westschweizer Betrieben gegenüber dem Militärdepartement auftreten.

Kanton	Gehälter in Mio. Fr.	Aufträge an die Industrie in Mio. Fr.	Ausgaben der Truppe in Mio. Fr.
Zürich	93,4	381,6	9
Bern	580	180	43
Luzern	100	16	12
Uri	73	5,2	8
Schwyz	23,5	4,1	12
Obwalden	13	0,9	8
Nidwalden	34,5	19,9	8
Glarus	3,4	2,6	5,5
Zug	5,5	10,6	2
Freiburg	51,5	5,7	10
Solothurn	9,5	42,7	5,5
Basel-Stadt	?	11,3	0,5
Basel-Land	4	24,3	6
Schaffhausen	2	62,1	2
Appenzell Außerrhoden	2	2,3	6
Appenzell Innerrhoden	?	0,2	0,7
St. Gallen	36	46	21
Graubünden	19	3,6	34
Aargau	33	69	8
Thurgau	13	71	6
Tessin	38	13,3	6
Waadt	55	29,7	15
Wallis	34	6,9	20
Neuenburg	6	18,8	3
Genf	4	25,8	0,3
Jura	3,5	7,8	2

lich, daß die Mowag, wenn sie ihre Militärfahrzeuge weder der Schweizer Armee verkaufen noch exportieren könne, die Produktion in der Schweiz aufgeben und im Ausland in Lizenz bauen lassen würde.
– Dennoch untersagte der Bundesrat der Mowag anfangs der achtziger Jahre den Verkauf von Piranhas an das nationalchinesische Taiwan, um Volkschina nicht zu erzürnen. Insgeheim läßt Bern jedoch in Kreuzlingen verlauten, dieser politisch notwendige Entscheid werde durch eine spätere Bestellung der Schweizer Armee kompensiert.

Man sieht, die Franzosen und Vevey hatten wirklich keine Chancen gegen den Piranha.

Wer profitiert vom EMD-Kuchen? Das Manna aus dem Militärdepartement wird nicht nur der Rüstungsindustrie zuteil. Das EMD erstellt auch jedes Jahr Bauten für über 300 Millionen Franken. Diese Arbeiten werden im allgemeinen mit Privatunternehmen verwirklicht. Und wie heißt es doch gleich: «Wenn's dem Bau gut geht, geht's allen gut.»

Daneben gibt es aber auch Aufträge für Handwerk und Gewerbe, Heimarbeit für die Gruppe für Rüstungsdienste... und das Geld, das von der Truppe ausgegeben wird.

Wenn die Armee schießt, herumfährt oder retabliert, profitiert zumindest der Einzelhandel davon, und zwar häufig in Regionen, die touristisch nicht gerade verwöhnt sind.

Ein Segen für die lokale Wirtschaft! Denn die Soldaten kommen ja oft in den flauen Zeiten. Ein Segen für die Truppe, die doch logischerweise mit offenen Armen empfangen wird? Leider geht diese Rechnung nicht immer auf. Die Dörfer ziehen Touristen vor; sie geben im allgemeinen mehr aus als die Feldgrauen. Je nach dem Zeitpunkt ihrer Einquartierung werden die Soldaten mit mehr oder weniger patriotischer Begeisterung aufgenommen.

Wieviel läßt denn eine Kompanie während eines dreiwöchigen Wiederholungskurses (WK) in einem Dorf liegen? Nach Hochrechnungen mehrerer Kompanien im Schnitt 25 Franken pro Mann und Tag; bei einem Bestand von 130 Mann also immerhin rund 70000 Franken pro WK.

Die Schweizer Wehrmänner absolvieren 13 Millionen Diensttage pro Jahr, davon die Hälfte außerhalb der Kasernen. Das bringt dem Einzelhandel etwa 250 Millionen Franken. Und da der Dorfbäcker wiederum seinen Gesellen und Lehrlingen, dem Müller und andern Gewerblern Arbeit gibt oder Waren abkauft, kann der Umsatz aus diesen 250 Millionen gut und gern bei einer Milliarde Franken liegen.

Das Geld des Wehrmanns. Neben den 250 Millionen, die in den Einzelhandel fließen, lassen die Soldaten noch rund 360 Millionen pro Jahr liegen. Jeder Wehrmann gibt im Schnitt täglich 28 Franken aus, die sich wie folgt aufschlüsseln lassen:

– Gaststätten (Unterkunft)	Fr. 17.72
– Lebensmittelgeschäft	Fr. 6.38
– öffentlicher Verkehr	Fr. 2.02
– PTT	Fr. 1.81
– Autogewerbe	Fr. 0.52
– Drogerie/Apotheke	Fr. 0.29

Außerdem verfügen die Fouriere für die 25 Millionen Hauptmahlzeiten, die in der Armee jährlich verzehrt werden, pro Mann und Tag über 5 bis 6 Franken. Ein guter Teil dieses Geldes kommt ebenfalls dem lokalen Handel (Bäckereien, Metzgereien usw.) zugute.

Soldaten als Konsumenten, Soldaten als «Touristen»: Viele Einzelhändler verdienen am Militär, was oft vergessen wird.

Die Milchkuh. Die Armee ist nicht nur ein Geldgeber, der von allen Seiten angezapft wird, sie soll auch aus allen möglichen Verlegenheiten helfen. Stöhnt die Landwirtschaft über den Fleisch- und Butterberg oder die Milchschwemme, droht das Wallis unter seinen Aprikosen- und Tomatenkisten zu ersticken oder wissen die Winzer nicht mehr, wohin mit ihrem Wein... schon denkt man an den Schweizer Wehrmann.

Regelmäßig ereifert man sich im Parlament stundenlang darüber, wie man den Joghurtkonsum der

«Dätel» steigern könnte oder ob man ihnen nicht Weinrationen – schweizerischer Provenienz selbstverständlich – austeilen solle. Vergeblich... In einem Punkt haben die Walliser den Bundesrat allerdings erweichen können. Am Tag der offenen Tür, wenn die Rekruten von ihren Eltern besucht werden, muß es Schweizer Wein geben.

Die Schweizer Soldaten verzehren nicht nur pro Jahr 1725 Tonnen Brot, 1000 Tonnen Rindfleisch, 1610 Tonnen Kartoffeln, 220 Tonnen Käse, 165 Tonnen Butter, 1,1 Millionen Tonnen Milch, sie müssen auch immer mehr Schokolade, Lebensmittel in Pulverform und alle Arten «Büchsenfutter» vertilgen. Dafür kriegen sie immer weniger Frischprodukte auf den Teller. Doch nur der gestählte, Parforceleistungen gewohnte Magen des Wehrmanns macht es möglich, daß die riesigen Kriegslager regelmäßig erneuert werden können, bevor sie verderben.

Mit dem Sold kann sich der Schweizer Krieger hingegen keine Extratouren leisten. 1986 wurden die Ansätze «angepaßt»: Der Rekrut erhält 4 Franken pro Tag, der Soldat 5, der Korporal 6, der Leutnant 12, der Hauptmann 16, der Oberst 23 und der Korpskommandant 30 Franken.

Der Zustupf der Wirtschaft

Zuviel ist zuviel! Die Tausende von Stunden, die Schweizer Offiziere außerdienstlich ihren militärischen Aufgaben widmen, sollen nach Schätzungen zu vier Fünfteln zu Lasten der Ferien gehen. Für den Rest zahlen die Unternehmen, die manchmal sogar rationalisieren und für ihre Offiziere ein eigentliches «Militärbüro» einrichten, mit Sekretärin, Telefon, Fotokopierer, Gummi und Bleistift.

Die Gefahr dieses Systems: Der Selbständige ohne Sekretärin ist im Hintertreffen, da er all diese Arbeiten selbst erledigen muß. Dieser Unterschied wird mit der Zeit zu einer Selektion unter den Offizieren führen, die bereit sind, Pflichten zu übernehmen – die militärische Karriere desjenigen, der über eine entsprechende zivile Infrastruktur verfügt, ist zweifellos komfortabler als jene des gestreßten Freischaffenden...

Die Opfer. Das größte Opfer für die Armee erbringt die Schweizer Wirtschaft, indem sie den Lohnausfall der eingerückten Wehrmänner kompensiert. Viele, wenn nicht die meisten Schweizer erhalten während des Militärdiensts ihre vollen Gehälter. Der vom Bund gewährte Lohnausgleich hingegen, der auf den Einkommen sämtlicher Schweizer erhoben wird, um die Wehrmänner zu zahlen, erreicht insgesamt einen Betrag von rund 710 Millionen Franken... das reicht bei weitem nicht, wenn man 13 Millionen Diensttage bezahlen soll. Die Wirtschaft steuert den Rest bei: rund 1,2 Milliarden Franken pro Jahr.

Auch hier liegt eine gewisse Gefahr oder Benachteiligung. Im Dienst erhalten Lohnabhängige dank dieses Zustupfs der zivilen Arbeitgeber einen größeren Teil ihres Gehalts als Selbständigerwerbende. Die logische Folge ist, daß ein Freiberuflicher es sich zweimal überlegt, bevor er eine Beförderung annimmt. Sekretariat, Lohnausfall: Nicht alle Schweizer haben dieselben Chancen, für das Vaterland Verantwortung zu tragen.

Rundum-Unterstützung für die Rundumverteidigung. Insgesamt trägt die Wirtschaft jährlich mit beinahe 2,5 Milliarden Franken zur Landesverteidigung bei:

Von der Wirtschaft übernommene Aufgaben	Kosten pro Jahr in Mio. Fr.
Lohnausfallentschädigung	*1200*
Außerdienstliche Tätigkeit, Sekretariat	*57*
Zeitausfall für Inspektionen	*15*
Obligatorischschießen	*4*
Zeitausfall für die Rekrutierung	*2*
Pflichtlager (siehe S. 50)	*595*
Private Beiträge an Zivilschutzräume	*125*
Total	*1998*

Diese Berechnungen stützen sich auf die Daten von 1981 bis 1983; man darf also mit einiger Berechtigung annehmen, daß die Schweizer Wirtschaft heute neben ihrem Steueranteil direkt mit 2,5 Milliarden Franken zur Landesverteidigung beiträgt.

Die fleißige Ameise. Da die Versorgung der Schweiz in hohem Maß vom Ausland abhängt, müssen die Importeure von Grundstoffen sogenannte Pflichtlager halten, die das Überleben in Krisenzeiten, bei geschlossenen Grenzen, für sechs bis acht

Monate sicherstellen. Bei importierten Grundnahrungsmitteln muß die Versorgung sogar für ein Jahr garantiert sein. Obschon diese Pflichtlager vom Bund subventioniert werden, kosten sie die Wirtschaft nach Schätzungen immer noch rund 595 Millionen Franken pro Jahr. Allerdings trifft auch zu, daß gewisse Firmen dank der Pflichtlagerhaltung einträgliche Geschäfte machen. Wenn nämlich der Preis der eingelagerten Rohstoffe auf den Börsenmärkten steigt, müssen die Unternehmen den durch die Lagerung realisierten Gewinn nicht an Bern abliefern.

Auch die Banken sind dabei. Ohne effiziente Banken gebe es keine Landesverteidigung, meinte William Wirth, Generaldirektor der Schweizerischen Kreditanstalt, vor der Abstimmung über die von der Sozialdemokratischen Partei lancierte Initiative zur Aufhebung des Bankgeheimnisses. Résumée seiner weitern Ausführungen anläßlich eines Vortrags: Die Banken erbringen nicht nur sehr viel Steuern, sie bemühen sich auch in besonderem Maß, ihr Personal der Armee zur Verfügung zu stellen. Während die Privatwirtschaft gesamthaft mit 1,5 Prozent der Arbeitstage zum besoldeten Militär- und Zivildienst beiträgt, sind es bei den Großbanken 2,4 Prozent. Allein die Kreditanstalt beschäftigt 490 Offiziere, rund 4 Prozent des männlichen Personalbestands. Und für Krisen- oder Kriegszeiten sehen die Banken eine direkte finanzielle Unterstützung der Eidgenossenschaft vor.

Die Festung im Granit

Als detailbesessene Planer und Weltmeister im Versichern wollen die Schweizer auch gegen jeden Angriff oder jede Besetzung des Landes gewappnet sein. In den siebziger Jahren hatten sie deshalb vorsorglich ein Hotel in Irland gekauft, für den Fall, daß der Bundesrat zum Exil gezwungen wäre. Und als der Ort bekannt wurde, änderte man den Plan.

Irgendwo in der mächtigen Granitfestung, die die Berge unseres Landes bilden, befinden sich ein oder mehrere unterirdische Bundeshäuser. Und eine Nationalbank im Fels, um jenen Teil unseres Goldes zu hüten, der nicht im Ausland versteckt ist.

Die Schweiz der Kavernen ist eine Realität, die heute – da nicht mehr die Rede davon ist, die Armee in die Alpenfestungen des Réduit national zurückzuziehen und die Zivilbevölkerung einer Besatzungsmacht preiszugeben (wie es General Guisan im Zweiten Weltkrieg für den Angriffsfall vorgesehen hatte) – eher akzeptiert werden kann. Denn die Armee des Jahres 1991 hat den Auftrag, jeden Meter Schweizer Boden zu verteidigen.

Die in den Granit gehauenen Festungswerke des Zweiten Weltkriegs gibt es noch immer, ja sie werden jedes Jahr modernisiert und den leistungsfähigeren Waffen angepaßt. Und was hat man nicht alles eingegraben! Ganze Flugplätze, Kasernen, Radaranlagen, Geschütze, zehn Militärspitäler (40 sind vorgesehen, abgesehen von den rund 200 gesicherten Zivilspitälern), riesige Vorräte an Lebensmitteln, Munition, Treibstoff, ganze Bäckereien und Fabrikationsbetriebe (eine Batterienfabrik hat zum Beispiel 32 Millionen Franken gekostet). Die verschiedenen Kavernensysteme sind durch Telefonnetze verbunden. Insgesamt lagert die Armee eine Tonne Munition und Material pro Soldat.

Jedes Jahr gibt die Schweiz 300 bis 400 Millionen Franken für den Ausbau der Festungen und Verteidigungsanlagen aus. In den achtziger Jahren sind die Truppen-Kommandoposten eingegraben und ihre Verbindungen modernisiert worden.

Der Gotthard – die Chinesische Mauer der Schweiz. So sind die Schweizer: Vor hundert Jahren, als sie einen Tunnel unter dem Gotthard zu graben beginnen, um die Verkehrsverbindungen zu erleichtern, verwandeln sie den Berg gleichzeitig in die mächtigste ihrer unterirdischen Festungen, um die Alpen abriegeln zu können. Damit die Abschrekkung überzeugend wirkt, kann der Tunnel selbstverständlich im Ernstfall sofort gesprengt werden.

Heute hat der Gotthard kaum etwas von seinem strategischen Wert eingebüßt. Jean-Pascal Delamuraz, beim 100-Jahr-Jubiläum der Gotthardfestung, 1985, Vorsteher des EMD: «Im Zeitalter der Luftlandetruppen kann der Krieg überall beginnen. Angesichts dieser Möglichkeiten gewinnen die Festungen, vor allem der Gotthard, vermehrt an Bedeutung. Weder Stoßtrupps noch Giftgase, weder Raketen jeder Art noch kosmische Waffen könnten an dieser Feststellung etwas ändern.» Manche Experten stellen den Wert dieser Festungen allerdings in Frage, und man spricht davon, kleinere, besser bestückte und besser geschützte Anlagen zu bauen.

Ein Schütze hinter jedem Stein! Gefechtsübung im Talgrund des Val d'Hérens.

Verborgene Städte. Unter der Leitung von Guillaume Henri Dufour wird 1831 der Rhoneübergang beim Schloß St-Maurice durch verschiedene Festungswerke gesichert, und von 1848 an verbessert und erweitert man die Festungen von der Luziensteig bis Martigny, indem man die sogenannten alten Befestigungen bei Bellinzona baut, die 1853/54 durch die vorgeschobenen Werke auf der Linie Sementina–Giubiasco erweitert werden. 1885 werden die ersten Kredite für die Gotthard-Befestigungen bewilligt, Baubeginn ist 1886. Durch den Weiterausbau in den folgenden Jahrzehnten und insbesondere im Ersten und Zweiten Weltkrieg werden die Festungen (Simplon, Furka, Oberalp, Andermatt, Gotthard, Airolo usw.) zu einem Alpenwall, der zweifellos mehr Schutz bietet als die Chinesische Mauer. Die Gotthardfestung, das sind 80 Kilometer Galerien, Hunderte von Bunkern, moderne Bewaffnung und Ausrüstung (vor allem Artilleriekanonen, Schwere Minenwerfer Kaliber 12 cm und Panzerabwehrwaffen), Berge von Vorräten, atomsichere Unterstände, geheime unterirdische Städte, in denen auch für die Zivilbehörden Platz reserviert ist.

Diese Schweizer Mauer wird von Festungswächtern unterhalten (2000 Ganztagsangestellte in der ganzen Schweiz), von Genie-Ingenieuren und -Baumeistern ausgebaut und von den Festungstruppen verteidigt, die den Auftrag haben, die Einfallsachsen des Landes zu sperren. Daneben beherbergt dieser Wall aber auch Stäbe, Kampf- und Unterstützungstruppen, Sanitäter usw.

Da nicht alle Soldaten in den Festungen Platz haben, kauft die Armee 1986 insgesamt 4500 «Feldunterstände», eine Art Würste aus Stahl-Wellblech, die je 18 Wehrmännern Schutz bieten. Diese der Infanterie und den Radfahrern zugeteilten mobilen Schutzräume können im Bedarfsfall innerhalb von Stunden eingegraben werden.

Sprenglöcher im Käse. In Friedenszeiten öffnen unsere Autobahnen und andern Verkehrswege das Herz Europas immer weiter. In Kriegszeiten wollen die Schweizer diese Breschen sofort schließen können. Deshalb wird keine Straße, kein Tunnel und keine Brücke gebaut, die nicht in kürzester Zeit zerstört werden könnten. Rund 2000 Bauten sind mit eingebauten Sprengvorrichtungen versehen, und die Sappeurtruppen verfügen über entsprechende Zerstörungspläne. In den meisten Fällen ist der Sprengstoff bereits an Ort und Stelle, und es fehlt nur die Zündvorrichtung. Um Mißverständnisse und Unfälle zu verhindern, ist der Befehl für die Zerstörung strengen Vorschriften unterworfen... Bei den großen Tunnels, Flugplätzen und andern Bauten von nationaler Bedeutung liegt die Kompetenz für den Zündbefehl beim Bundesrat, er kann sie jedoch an die militärische Führung delegieren.

Großgrundbesitzer Armee

Das Eidgenössische Militärdepartement ist zweifellos der größte Grundbesitzer des Landes. 1985 nannte es 25 811 Hektaren (258 km²) sein eigen, davon sind 20 388 Hektaren Ausbildungsgelände. Das EMD-Territorium ist größer als der Kanton Appenzell Außerrhoden (242 km²) und nur wenig kleiner als Zug (284 km²) oder Genf (282 km²). Und im Schnitt kauft die Armee pro Jahr 2 Quadratkilometer dazu.

Außerdem mietet die Armee noch 14 Waffenplätze (als Folge der militärischen Selbständigkeit der Stände in der Alten Eidgenossenschaft sind ein Dutzend Waffenplätze kantonaler Besitz) und etwas über 400 Schießplätze, von denen jedoch die meisten nur während bestimmten Zeiten im Jahr benutzt werden dürfen.

Pech! Gerade in dem Augenblick, da die Umweltschützer und die nationalistische Rechte gegen die Verschwendung des Heimatbodens zu Felde ziehen, fordern die Militärs mehr Waffenplätze. Denn die modernen, weitreichenden Waffen, die nun in großer Zahl in Dienst gestellt werden, sind häufig motorisiert beziehungsweise mechanisiert. Und man kann einfach nicht alle Schießübungen durch elektronische Simulatoren ersetzen! Die neue Knacknuß für die Militärs: Wie soll man eine Armee von mehr als 600000 Mann ausbilden und beüben, ohne zu stören?

Ausweg Ausland? Die Schweizer Flugwaffe trainiert den Luftkampf bereits regelmäßig über dem Mittelmeer, von der italienischen Basis Decimomannu auf Sardinien aus, und erprobt ihre Luft–Boden- und Luft–Luft-Waffen in Schweden. Und die Gruppe für Rüstungsdienste exerziert den Scharfschuß der Rapier-Flabraketen in Schottland. Doch was ist mit den andern Waffen. Mit den neuen Pfeilgranaten der Panzer? Die Armee führt Schießübungen von einem Ende des Neuenburgersees (des längsten ganz in der Schweiz liegenden Sees) zum andern durch. Die 800 Franken «Miete» pro Schießtag werden für die Wiedereinsetzung von Fischen verwendet.

Nach Gesetz darf die Armee auf allem Land in Privatbesitz üben. Dieses Recht wird jedoch durch Häuser, andere Bauten und die Achtung des Eigentums anderer eingeschränkt. Allein 1985 bezahlte der eidgenössische Oberfeldkommissär 3,86 Millionen Franken, um 3064 Grundbesitzer für Schäden abzufinden, die die Truppe verursacht hatte.

Rothenthurm – ein Bumerang. Im Jahr 1961 wird die Zahl der Panzereinheiten von 33 auf 90 erhöht. «Heimathafen» für die Ausbildung wird der Waffenplatz Thun, die Leichten Truppen müssen etwas anderes finden, da der Platz nicht für beide reicht. Das EMD beschließt, die Rekrutenschulen der Aufklärer, Radfahrer und Panzerabwehrlenkwaffensoldaten («Dragon») auf einen Übungsplatz zu verlegen, der zum Teil auf dem Boden des schwyzerischen Rothenthurm, zum Teil auf jenem von Oberägeri (ZG) liegt. Zwischen 1977 und 1980 kauft die Armee 218 der 354 für einen ausgebauten Waffenplatz notwendigen Hektaren Land. 1983 wird ein Kredit von 108 Millionen für den Bau der Kasernen und die Einrichtung der Übungsplätze beantragt.

Doch der Widerstand gegen den Waffenplatz hat sich bereits bemerkbar gemacht, und die Umweltschützer, die ein wertvolles Hochmoor bedroht sehen, greifen das Vorhaben heftig an. Das EMD muß gegen jene Grundbesitzer Rothenthurms und Oberägeris, die sich weigern, ihr Land zu verkaufen, ein Enteignungsverfahren einleiten.

Im Militärdepartement weist man vergeblich darauf hin, daß sieben Zehntel des Moores außerhalb des Waffenplatzareals liegen; die Volksinitiative «zum Schutz der Moore – Rothenthurm-Initiative» kommt zustande. Mit der Forderung, alle Moore unter Schutz zu stellen, soll das Waffenplatzprojekt zu Fall gebracht werden. Am 6. Dezember 1987 hat das Schweizer Volk diesem Volksbegehren völlig überraschend zugestimmt.

Damit bezahlt die Armee die Zeche für einen echten Mißstand:

Seit 1850 sind 90 Prozent der schweizerischen Feuchtgebiete und 58 Prozent der einheimischen Amphibienarten verschwunden, vernichtet durch Trockenlegungen, Überbauung, Intensivlandwirtschaft. Und eigentlich ist jedermann dafür, daß der Rest geschützt werden muß. Im März 1987 schlägt der neue Vorsteher des EMD, Arnold Koller, anläßlich der jährlichen Pressekonferenz Alarm: «... Verhängnisvoll wäre aber die Annahme der Initiative wegen der dadurch allenthalben in der Schweiz bewirkten Signalwirkung, wie man eine zwangsläufig mit Immissionen verbundene Ausbildung unserer Armee in der eigenen Nachbarschaft abwürgen kann. Dieser ‹Rothenthurm-Effekt› macht sich schon heute bemerkbar und müßte, wenn er legalisiert würde, unsere Milizarmee vor eine eigentliche Schicksalsfrage stellen. Eine Armee ohne kriegsgenügende Ausbildung ist ein Papiertiger und letztlich das teure Geld und die Opfer an Zeit und Mühe unserer Soldaten nicht wert. Man kann die Armee auch auf indirektem Weg abschaffen, indem man ihr den unerläßlichen Übungsraum vorenthält.»

Die Armee als Tierfreundin. Um diese ökologische, von antimilitaristischen Wildbächen gespeiste Flutwelle einzudämmen, versichert das EMD gern, daß seine Übungsplätze in diesem übervölkerten Land hervorragende Naturreservate sind. Es dokumentiert das mit Bibern auf dem Waffenplatz Frauenfeld oder mit seinen Auer- und Birkhähnen, Schneehühnern und Steinadlern im Waadtländer Petit-Hongrin-Tal. Beweis genug dafür, daß die Wildtiere Kanonen und Minenwerfer den Touristen vorziehen.

Wie für umweltbelastende Industrien oder für die Elektrizitätswirtschaft wird es für die Schweizer Armee immer schwieriger, ihren Auftrag zu erfüllen, ohne die Wohlstandsschweiz zu stören. Gegen diese Entwicklung sind die Militärs machtlos.

Fels oder Festung? Das ist nicht immer sofort zu erkennen. Die Festungen mit Artilleriestellungen bieten 50 bis 80 Soldaten Platz. In Zukunft könnten die Schweizer aber auch kleinere, weniger komfortable, doch leistungsfähigere Bunker bauen, meinte 1987 der Chef der Schweizer Genietruppen, Divisionär Rolf Siegenthaler. Diese Stellungen würden mit 15-cm-Minenwerfern und einer neuen Artilleriekanone mit verdoppelter Reichweite ausgerüstet. Auch die Geschütztürme und Kanonen der 350 Centurion-Panzer könnten nach der Ablösung durch den Leopard 2 in neuen Festungen «einbetoniert» werden. In der Armee wird eben nichts weggeworfen!

Der Eingang zu dieser Festung ist nur bei geöffneter Panzertür sichtbar. Ist sie geschlossen, verraten einzig ein paar Rohre und Drähte den Zugang zur unterirdischen Welt.

Küche, Krankenzimmer, Telefonzentrale und Waschbecken zeugen davon, wie viele Männer eine solche Anlage beherbergen kann. Soldaten sind nicht zu sehen, weil die Geheimhaltungsspezialisten des EMD vermeiden wollten, daß ein Gesicht oder die Nummer einer Schulterpatte allzu Neugierige auf die Spur dieser Festung bringen könnten. Zu der Kaserne im Fels gehören auch Kantinen, eine Post, Maschinensäle für die Filtrierung von Luft und Wasser, Schlafräume, Offizierszimmer ... auch im Untergrund will die Hierarchie gewahrt sein.

In solchen Kavernen lagert die Schweizer Armee einen Teil ihrer Munition: Tausende von Patronen, Handgranaten und Geschossen. Strengste Vorsichtsmaßnahmen sollen die Gefahr von Explosionen begrenzen. Allmonatlich werden mit Spezialfahrzeugen Hunderte von Munitionstransporten durchgeführt. Denn wie Lebensmittel verderben Munitionsbestände mit der Zeit: Alte Munition wird vor Ablauf des «Verbrauchsdatums» an die Truppe abgegeben und im Lager durch neue ersetzt. Eine Armee muß ihr Pulver trocken halten, wenn sie glaubwürdig sein will.

Feuerlöscher

«Fotografieren verboten!» Jeder Wanderer in den Schweizer Bergen kennt diese Warnung, auf die man an den unerwartetsten Orten stoßen kann. Zu den bestgehüteten Geheimnissen unseres Landes gehören die Kavernen der Fliegertruppen. Es kam überhaupt nicht in Frage, daß unser Fotograf, Zivilist aus Neigung und Überzeugung, hier Aufnahmen schießen durfte: Dieses Bild ist das einzige im ganzen Buch, das vom EMD geliefert wurde! Aus den unterirdischen Hangars können die Schweizer Kampfflugzeuge – im Bild Mirage-Abfangjäger – innerhalb von Minuten gegnerischen Maschinen entgegenstürmen. Neben dem Schutz vor Bombardierungen sorgen die Kavernen also auch für den Überraschungseffekt der Schweizer Flugwaffe. In Kriegszeiten werden sich die Militärflugplätze auf geradezu erstaunliche Art vervielfachen: Starten und Landen auf Autobahnen gehört längst zum Ausbildungsprogramm.

J-2316

Arbeitgeber Armee

Neben dem Alpenwall kann die Schweizer Armee einen andern gewichtigen Trumpf ausspielen: den hohen Truppenbestand auf kleinem Territorium. Sie hat 15,2 Soldaten auf den Quadratkilometer gegenüber 0,2 in den Vereinigten Staaten und in der Sowjetunion, 2 in Österreich und der Bundesrepublik Deutschland und 0,9 in Frankreich. Einzig Israel übertrifft die Schweiz mit mehr als 23 Soldaten pro Quadratkilometer (und möglicherweise hat auch Albanien eine höhere Truppendichte). Im Gegensatz zur Schweiz lebt jedoch Israel in dauerndem Kriegszustand.

Das Funktionieren des großen militärischen Apparats wäre ohne Berufsleute undenkbar. Und mit seinen 19 589 Ganztagsangestellten hat denn auch das EMD mehr Gehaltsempfänger als alle andern eidgenössischen Departemente (wenn die SBB und PTT als selbständige Staatsbetriebe nicht mitgerechnet werden). Das EMD zahlt jährlich 1,252 Milliarden Franken an Löhnen, davon gehen 580 Millionen an die 9200 Beamten und Angestellten, die im Kanton Bern arbeiten.

1986 beschäftigte das EMD – ohne das Personal der eidgenössischen Rüstungsbetriebe – 14 865 Mitarbeiter. Mehr als die Hälfte von ihnen üben einen handwerklichen oder technischen Beruf aus, 535 nehmen Führungs-, 1100 Verwaltungs- und 2200 Instruktionsaufgaben wahr.

Abmagerungskuren. Die verschiedenen neuen Waffen, die seit 1975 beschafft wurden, erfordern bei Einsatz und Wartung besondere Kenntnisse. Allein dafür wurden beziehungsweise wären 500 zusätzliche Planstellen notwendig. Doch das EMD ist dem als Sparmaßnahme beschlossenen Personalstopp genauso unterworfen wie die andern Bundesstellen. Und das Parlament behält das Schwergewicht unter den Departementen im Auge, und zwar vor allem die Vertreter der Linken. Die schweizerischen Vorkämpfer für «weniger Staat», die Rechtsfreisinnigen, opponieren nur äußerst selten gegen Militärausgaben, die Verfechter des «mehr Staat» hingegen (die Linke und die extreme Linke) bekämpfen sie.

Stolz verkündet das EMD, daß es seinen Personalbestand zwischen 1974 und 1986 um 300 Mitarbeiter reduziert hat. Doch dieser Rückgang ist nicht allein der verordneten Gesundschrumpfung zuzuschreiben; im gleichen Zeitraum schaffte man nämlich die Kavallerie ab, während die Eidgenössische Militärversicherung sowie die Turn- und Sportschule Magglingen dem Departement des Innern unterstellt wurden.

Im Mai 1984 hat die Geschäftsprüfungskommission des Nationalrats, die mit der Überwachung der Staatsgeschäfte beauftragt ist, es strikt abgelehnt, einer Personalaufstockung zuzustimmen, bevor nicht effizientere Rationalisierungsmaßnahmen getroffen würden. Und das Finanzdepartement verlangt seinerseits, daß das EMD 400 Stellen (3%) abbaue, die Arbeitszeit um 2 Prozent kürze und die Verwaltungsausgaben um 5 Prozent reduziere. Die Einführung der Daten- und Textverarbeitung, obschon nur zaghaft angepackt, sollte allein schon merkliche Einsparungen an Zeit, Geld und Personal ermöglichen.

1985 folgt die Überraschung: Der Walliser Korpskommandant Roger Mabillard, Ausbildungschef der Armee, ergreift die Flucht nach vorn. Im Rahmen des Projekts GRAL läßt er 1360 Arbeitsplätze in seinen Diensten gründlichst analysieren. Schlußfolgerung: 200 Stellen könnten innerhalb der nächsten fünf Jahre abgebaut werden, was dem EMD im Gegenzug ermöglichen würde, einen Teil der fehlenden Instruktoren einzustellen. Die hartnäckigsten Verfechter des «weniger Staat» und des Personalstopps beim Bund ziehen im Verein mit den Kämpfern für «weniger Armee» einen einzigen Schluß aus der GRAL-Studie: «Beim EMD sind viele Beamte überflüssig.»

Die Oberstenschwemme. Für die Ausbildung der Soldaten und Kader an immer komplexeren Waffensystemen benötigt das EMD Berufsleute, die Instruktoren. Ihre Rekrutierung, vor allem diejenige junger Instruktoren im Hauptmannsgrad, macht der Führung einiges Kopfzerbrechen. 1984 gliederte sich das 630köpfige Instruktionsoffizierskorps folgendermaßen: 32 Leutnants und Oberleutnants (5%), 212 Hauptleute (34%), 161 Majore (25%), 37 Oberstleutnants (6%), 177 Obersten (28%) und 15 Brigadiers (2%). Hinzu kommen noch 927 Instruktions-Unteroffiziere.

Seit Jahren empfiehlt das Parlament dem EMD absolute Priorität für die Rekrutierung junger Instruktoren, da sonst in rund zehn Jahren der Anteil der

Obersten wegen der praktisch automatischen Beförderungspraxis in diesem Beruf über 50 Prozent steigen könnte. Tatsächlich hat jeder Instruktionsoffizier den Ehrgeiz, höherer Stabsoffizier (Brigadier, Divisionär oder Korpskommandant) zu werden; die meisten beenden ihre Laufbahn wenigstens im Oberstenrang.

Seit 25 Jahren sind die Gehälter der Instruktions- und Stabsoffiziere stark gestiegen (75 000 bis 80 000 Franken Jahresgehalt für Hauptleute, 100 000 bis 110 000 für Obersten), und die Zahl der Instruktoren hat sich verdoppelt. Trotz dieser Maßnahmen werden der Ausbildung 1995 rund 240 Hauptleute und Majore fehlen, während 335 Obersten und Brigadiers überzählig sein werden. Vor allem aber fehlt es dem EMD an qualifizierten Anwärtern für die Instruktion an den neuen Waffen. Die Folge sind durch Überlastung gestreßte Instruktoren.

Obersten zur Truppe? Die automatische Beförderung der Instruktoren durch strengere Auswahl zu bremsen würde die Rekrutierung noch weiter erschweren und wäre weder ihrer Motivation noch – wie sie selbst hinzufügen – «ihrer Autorität» zuträglich. Für Ausbildungschef Roger Mabillard ist die Oberstenschwemme ein systeminhärenter Fehler. Ihm schwebt vor, daß pro Jahr 20 Instruktoren eingestellt werden, also 200 bis 1995.

Die nationalrätliche Geschäftsprüfungskommission ist damit gar nicht einverstanden. Sie fordert, daß die Beförderung zu Obersten dem tatsächlichen Bedarf entspreche, und sieht die Priorität bei der Rekrutierung junger Kompanieinstruktoren. Ja manche wagen sogar die Frage, ob es denn nicht auch Obersten zugemutet werden könne, in der Truppeninstruktion eingesetzt zu werden. Der Protest bleibt nicht aus.

Die Parlamentarier beanstanden zudem, daß 107 Instruktoren in der Militärverwaltung beschäftigt sind. Dies um so mehr, als ihre Privilegien den Neid der «normalen» Beamten erregen. Doch wie sieht das mit diesen Privilegien aus? Dienstwagen, Fr. 38.50 pro Tag für die Notwendigkeit, einen vom Dienstort getrennten zweiten Haushalt zu führen, Militärversicherung (eine private Krankenkasse erübrigt sich), Pensionierungsalter für Majore 50 Jahre, 54 für Oberstleutnants, 58 für Brigadiers, Obersten und Adjutantunteroffiziere. Die Eidgenossenschaft zahlt den Ruheständlern bis zum 65. Lebensjahr eine Übergangsrente in der Höhe von 80 bis 90 Prozent des letzten Gehalts.

Ausbildung der Panzergrenadiere am Schützenpanzer 63/73 (M-113). Die Besatzung besteht aus 3 Mann (Kommandant, Fahrer, MG-Schütze) sowie 7 Panzergrenadieren für den Kampf im Feld.

Wie kommt man aus der Klemme? Die Parlamentarier fragen sich, ob man nicht eine zweite Instruktorengruppe schaffen könnte; diese würden entsprechend ihren beruflichen Fähigkeiten eingestellt und entschädigt (heute folgt die Karriere eines Instruktors seiner Beförderung im Milizsystem).

Andere Vorschläge der Politiker: die Instruktoren früher rekrutieren (vor dem 28. Lebensjahr); den Sonderstatus der in der Verwaltung arbeitenden Offiziere abschaffen; Instruktions- und wenn nötig auch Milizunteroffizieren ermöglichen, den Offiziersgrad zu erlangen.

Die Militärs schätzen solche Vorschläge nicht besonders. Um seine Leute bei Laune zu halten, versichert Roger Mabillard, das Instruktionskorps sei «nicht nur eine militärische, sondern auch eine gesellschaftliche Elite». Und für diese Äußerung wird selbst ihm auf die Finger geklopft, stellt er doch damit das Ideal schweizerischer Gleichheit in Frage ... das eben ein Ideal, eine Wunschvorstellung ist.

Alle Wege führen zur Ausbildung. 1984 kommen von den 630 Instruktionsoffizieren 195 (31 %) aus einem handwerklichen oder technischen Beruf, 142 (23 %) arbeiteten vorher im Handel oder in der Verwaltung, 107 (17 %) im Unterrichtswesen (61 ehemalige Lehrer); 84 (13 %) Instr Of haben einen Universitätsabschluß, weitere 85 oder ebenfalls rund 13 Prozent haben ein Technikum absolviert oder zumindest die Matura gemacht.

Bleiben noch jene 17 Instruktoren, die aus den verschiedensten Berufen kommen: Dazu gehören acht Bauern, ein Café-Besitzer, ein Hotelier, ein Fahrlehrer und ein Seminarist.

Hintergründe eines realen Einflusses

Von der Bedeutung der Schweizer Armee zeugt die unglaubliche Zahl der Vereine und Organisationen, die sich für sie einsetzen, um den Verteidigungswillen zu stärken und gegen den Antimilitarismus zu kämpfen. Medienschaffende kennen die Macht gewisser paramilitärischer Schweizer Kreise. Der Journalist, der als zu kritisch oder zu neugierig gilt, wird schnell unter Beschuß geraten, wenn er das Vertrauen dieser Lobby verloren hat. Und wer von der Armee «exkommuniziert» wird, hat sich vorzusehen. Das Dumme an der Sache ist, daß die Militärs oft glauben, sie wüßten als einzige, wie weit Information zu gehen habe! Dazu meint der ehemalige Generalstabschef Jörg Zumstein: «Ich kritisiere nicht die Presse in Bausch und Bogen, aber ich behaupte, daß gewisse Journalisten ganz einfach in Desinformation machen. Es ist an den militärischen Vereinigungen, im Rahmen unserer demokratischen und pluralistischen Gesellschaft Lösungen für diese Diskrepanz zu finden.»

Eine Geschichte

Aber wie macht sich die militärische Macht denn bemerkbar. Dazu ein kleines Beispiel, das für das Funktionieren dieser raffinierten Maschinerie bezeichnend ist.

1983 bereiten sich die Schweizer auf die Abstimmung über die Volksinitiative vor, mit der die Einführung eines Zivildiensts gefordert wird. Gemäß Initiativtext könnten Wehrdienstverweigerer Aufgaben in öffentlichem Interesse in Spitälern, Heimen, Wäldern usw. erfüllen. Der Zivildienst würde anderthalbmal so lang dauern wie der Militärdienst. Damit wäre durch die Tat der Beweis erbracht, daß die Verweigerung aus «echten» Gewissensgründen und nicht aus Drückebergertum erfolgt.

In Zürich, bei der Dr. Rudolf Farner PR-Agentur, dem einflußreichsten Büro für Öffentlichkeitsarbeit des Landes, realisiert man, daß die Initiative «für einen Zivildienst auf der Grundlage des Tatbeweises» die Milizarmee geradezu prinzipiell in Gefahr bringt, da sie die freie Wahl zwischen Militär- und Zivildienst schaffen würde. Generalstabsoberst Dominique Brunner, Direktor der Agentur Farner, schlägt sofort Alarm.

In den Räumlichkeiten der PR-Agentur Farner haben zwei interessante Vereinigungen ihren Geschäftssitz: der Verein zur Förderung des Wehrwillens und der Wehrwissenschaft (ein Klub von Generalstabsobersten, der von rund 150 Gönnern unterstützt wird) und die Aktion Freiheit und Verantwortung (sie verbreitet ihre vaterländischen und antikommunistischen Vorstellungen durch bezahlte Zeitungsinserate).

Brunner sucht zuerst Geld, den Lebensnerv eines Abstimmungskampfs. Die Kunden von Farner, fünfzig der größten Unternehmen des Landes (Schweizerische Kreditanstalt, Bührle usw., Nestlé ist nicht dabei), lassen sich nicht lumpen... Brunner bringt 600 000 Franken zusammen. Im Januar 1983 eröffnen die bei Farner domizilierten Vereinigungen die öffentliche Kampagne gegen den Zivildienst. Vom Sommer an werden sie von der einflußreichen Gesellschaft zur Förderung der schweizerischen Wirtschaft unterstützt. Als Repräsentantin der gesamten Wirtschaft leistet diese die Defizitgarantie für den Abstimmungskampf. Und nach den militärischen und wirtschaftlichen Kräften stürzen sich auch die «bürgerlichen» Parteien in die Schlacht.

Im Anschluß wird im Herbst 1983 unter der Stabführung der Schweizerischen Offiziersgesellschaft (26 Sektionen, eine pro Kanton) eine Arbeitsgemeinschaft gegründet, in der zahlreiche vaterländische Organisationen zusammengeschlossen sind: Gesellschaft für Militärischen Frauendienst, Gesellschaft für eine echte Wehrinformation, Redressement national, Schweizerische Arbeitsgemeinschaft für Demokratie, Schweizerische Offiziersgesellschaft, Schweizerischer Unteroffiziersverband, Schweizerischer Verband der Sektionschefs, Schweizerischer Verband der Kreiskommandanten usw. Farner ist selbstverständlich auch dabei. Diese Kampfmaschine veranstaltet Pressekonferenzen, verschickt Informationsbulletins, beteiligt sich an Fernsehdiskussionen und bombardiert die Zeitungen mit Leserbriefen.

Am 26. Februar 1984 wird die Initiative «für einen Zivildienst auf der Grundlage des Tatbeweises» mit 1 370 000 Nein gegen 771 000 Ja abgelehnt. Der Bundesrat, das Parlament, alle bürgerlichen Parteien und die Mehrheit der Presse hatten sie ebenfalls bekämpft. Das EMD kann aufatmen, vor allem einer der einflußreichsten Berufsoffiziere, der militärstrategische Vordenker Gustav Däniker, Divisionär, ehemaliger Direktor und Delegierter des Verwaltungsrats der Dr. Rudolf Farner PR-Agentur.

Eine Welt für sich. Wir verzichten darauf, alle andern Vereinigungen aufzuzählen, die sich für das helvetische Verteidigungssystem einsetzen, es sind ihrer zu viele: der bereits erwähnte Schützenverein, die Turnvereine, Pro Libertate, Forum Jugend und Armee, Forum Helveticum, Frauengruppe für geistige Landesverteidigung, Schweizerische Gesellschaft für militärgeschichtliche Studienreisen, die Stiftungen zahlreicher Militärmuseen usw. Daneben gibt es die Blasmusikkapellen...

Die Wehrmänner der verschiedenen Waffengattungen, der Divisionen, Regimenter, Bataillone und Kompanien haben Vereine und Veteranenklubs gegründet. Im Fall einer Besetzung müßte sich der schweizerische Widerstand nicht lange organisieren. Die Strukturen bestehen, und diese Vereinigungen tragen nicht zuletzt zur unablässigen Durchmischung der Generationen, Sprachgruppen und sozialen Schichten bei.

Einige Worte noch zur Schweizerischen Offiziersgesellschaft (SOG): Sie kann lauthals fordern, was das EMD aus politischen Gründen nicht wirklich zu verlangen wagt. Es kommt vor, daß sie kritische Bürger an den Pranger stellt, deren demokratische Gesinnung von Bern in keiner Weise angezweifelt werden könnte. Der Wahlspruch der Offiziersgesellschaft ist seit hundert Jahren unverändert geblieben: «Jedes Land hat eine Armee, die eigene oder eine fremde.» Die SOG zieht die eigene vor, und sie hat beim Ausbau der schweizerischen Wehrkraft eine führende Rolle gespielt. Ihr bester Slogan: «Geld spart Blut». Der Schweizer soll wissen, daß Sicherheit ohne Anstrengung nicht möglich ist.

Ein einflußreicher Zürcher Flügel der SOG steht der Rüstungsindustrie nahe, was gelegentlich Unbehagen verursacht. Ein Beispiel ist die im Sommer 1982 von der Schweizerischen Offiziersgesellschaft in Frauenfeld organisierte Waffenschau: Zu diesem Anlaß wurde auch ein großes Defilee durchgeführt, das der radikale Walliser Nationalrat und Hauptmann Pascal Couchepin bissig kommentierte: «Merkwürdig, daß man diese Waffenschau gerade in der Region der Maschinenbauer organisiert! Ich werde nicht hingehen!»

Die Frauenfelder Waffenschau war in mehr als einer Hinsicht gewichtig: Die SOG konnte hier ihre Konzeption der Armee des Jahres 2000 vorstellen, die von den leitenden Militärs bereits Anfang 1982 beschrieben worden war, als man sich im EMD mit dem Leitbild der Armee für die neunziger Jahre beschäftigte. Ein Zufall war dieses Zusammentreffen nicht.

Um der «wachsenden sowjetischen Bedrohung begegnen zu können», forderten die Offiziere eine «starke Artillerie», die Schaffung einer schnellen Interventionstruppe (Armeereserve) mit Panzern und Kampfhelikoptern, den Kauf eines neuen Panzers, der Panzerlenkwaffe Dragon, eines neuen Abfangjägers usw. Die Antwort des EMD war eindeutig. «Wenn wir die notwendigen Mittel hätten, würde sich dieses Armeeleitbild weitgehend mit unseren Vorstellungen decken.»

Und bis 1991 werden übrigens fast alle damaligen Vorschläge der Schweizerischen Offiziersgesellschaft verwirklicht sein.

Der Zwiespalt der Sozialdemokraten

Während der sogenannte Bürgerblock mit seiner starken Mehrheit bedingungslos hinter der Armee steht, hat sich die Sozialdemokratische Partei, die bestimmende Kraft der schweizerischen Linken, erst 1935 zum Prinzip der Landesverteidigung bekannt. In Deutschland hatten die Nazis die Macht ergriffen, und angesichts dieser Gefahr gab die schweizerische Arbeiterbewegung die «Utopie des ewigen Friedens» und die Parole «Nie wieder Krieg» auf, die ihre pazifistische und internationalistische Haltung seit dem Ersten Weltkrieg bestimmt hatte.

Seit 1935 dienten Sozialdemokraten in der Armee mit einer Treue, die von ihren politischen Gegnern nicht immer richtig erkannt wurde. Mit ihrem persönlichen Einsatz trugen sozialdemokratische Wehrmänner dazu bei, die demokratische Basis der Milizarmee und ihre Glaubwürdigkeit in der Bevölkerung zu stärken. Die Eingliederung der Arbeiterwelt in die Armee geht jedoch nicht immer geräuschlos vor sich. Während die winzige kommunistische Partei der Arbeit gegen jedes EMD-Budget stimmt, kommt es vor, daß sich die Sozialdemokraten der Stimme enthalten, wenn es darum geht, «Rüstungsausgaben zu bewilligen, die auf Kosten des Sozialstaats gehen». Und eigentlich teilt die Armee die Sozialdemokraten in drei Gruppen:

Die Gewerkschafter. Sie befürworten die Landesverteidigung mit großer Mehrheit, und seit der Krise der siebziger Jahre steht für die Arbeiter und die Gewerkschaften das Wohlergehen der Unternehmen im Vordergrund. Die Armee ist also in Ordnung, solange sie Arbeit und Aufträge schafft. Die Militärs haben das begriffen und sorgen für Arbeit in der Industrie. Im Gegenzug verhalten sich die Gewerkschafter ruhig, ja sie sind heute oft die ersten, die einer in ihren Augen «bösartigen (bourgeoisen) Presse» Vorwürfe machen, welche die schweizerischen Waffenexporte in Drittweltländer unterschiedslos verurteilt.

Selbst wenn erwiesen ist, daß die Turbotrainer Pilatus PC-7 der zum Bührle-Konzern gehörenden Pilatus-Flugzeugwerke Stans bewaffnet werden können, gehen die Gewerkschaften nicht auf die Barrikaden, um für ein PC-7-Exportverbot in Drittweltländer und Diktaturen zu kämpfen. Sie setzen sich im Gegenteil dafür ein, daß die Aufträge durchkommen und so in Stans die Beschäftigung gesichert ist: «Wenn wir nicht liefern, werden andere liefern. Hat nicht das sozialistische Frankreich unter Mitterrand dem Irak auch seine Super-Etendard- und Mirage-Kampfflugzeuge verkauft?»

Die Pazifisten. Ihre Zahl ist heute im Schwinden begriffen, die Kongresse und leitenden Ausschüsse bestürmten sie in den siebziger und frühen achtziger Jahren. Sie sind die hartnäckigen Vertreter einer oppositionellen Sozialdemokratischen Partei, einer SP, die den «Mut» hätte, aus dem Bundesrat auszuscheiden und die «Zauberformel» platzen zu lassen (der Bundesrat setzt sich gemäß dieser Absprache aus zwei Freisinnigen, zwei Christdemokraten, einem Vertreter der Schweizerischen Volkspartei und zwei Sozialdemokraten zusammen). Diese Regierungsbeteiligung zwinge die SP, die «schlimmsten Kompromisse» mitzutragen, so auch die Landesverteidigung. Viele junge Sozialdemokraten befürworten denn auch die Initiative «für die Abschaffung der Armee». Für die Waadtländer Claire und François Masnata beispielsweise «stützt die Armee, von den Herrschenden als Hüterin der etablierten Ordnung als reines Instrument der Machterhaltung genutzt ..., den Fortbestand der Illusion der Gleichheit»: «Die pyramidale Gliederung der militärischen Gesellschaft ist der getreue Abguß der Gesellschaft schlechthin, und es sind auch immer die gleichen, die an der Spitze stehen. Deshalb erstaunt nicht, daß die Wirtschaft hier besonders gut vertreten ist.» Die Masnatas haben sich in der Folge von der Mitarbeit in der «zu weichen» SP zurückgezogen.

Die Parteibonzen und andern Volksvertreter. Sie schließen Kompromisse, lassen sich ihre Zustimmung abhandeln und machen viel Geschrei. Aber sie wollen es weder mit dem Gewerkschaftsflügel noch mit den Pazifisten oder den «bürgerlichen» Parteien ganz verderben. Zwischen Hammer und Amboß gefangen, melden sie vorsichtige Vorbehalte an: «Unser Ja zur Armee kann kein Ja um jeden Preis sein.»

Die Gefahr besteht, daß dieser Richtungsstreit die Sozialdemokraten soweit bringt, daß sie sich überhaupt nicht mehr für den militärischen Bereich interessieren und ihn den «Bürgerlichen» überlassen. Einen Bereich, der immerhin für 625 000 Soldaten, Unteroffiziere und Offiziere von einiger Bedeutung ist. Und viele dieser Wehrmänner sind schließlich Sozialdemokraten.

Während einige sozialdemokratische Volksvertreter offen antimilitaristisch sind, nehmen die meisten, wie der Freiburger Félicien Morel, die Milizarmee in Schutz: «Die Schweiz kann ihr Instrument der Selbstverteidigung nicht einseitig abschaffen.» Und mehrere linke Ratsmitglieder, darunter der freiburgische Ständerat Otto Piller, haben bereits angekündigt, daß sie sich jedem Versuch widersetzen werden, Berufssoldaten-Verbände für bestimmte komplizierte Waffensysteme zu schaffen.

Kontrolle und Bremse. Die militärische Schweiz mißtraut den Linken, die in der Zwischenkriegszeit zu verschiedenen Malen die Abschaffung der Armee gefordert hatten, noch immer. Neben andern Gruppierungen war es ja auch die SPS, die seit 1945 verschiedene Rüstungskäufe bekämpft und den Waffenexport angeprangert hatte. Und bei den Atomwaffen war sie es, die mit der Idee durchdrang, solche dürften nur mit Zustimmung von Volk und Ständen beschafft werden.

Das 1935 beschlossene Ja zur Landesverteidigung hat die Sozialdemokratische Partei der Schweiz immer wieder bestätigt, 1972 ein noch heute gültiges

Konzept zu diesem Fragenkomplex verabschiedet und 1962 das berühmte Ja ins neue Parteiprogramm eingebaut. Auf den Punkt gebracht ist ihr Standpunkt ein Ja zur Landesverteidigung, ein Nein zum Militarismus. Nein zu einer «großen Armee im Taschenformat», Nein zum Konzept einer überrüsteten Armee unter Vernachlässigung der Infanterie und der Abwehrwaffen. Nein aber auch zur Militärjustiz. Die Sozialdemokraten fordern eine militärische Disziplin, die die demokratischen Prinzipien respektiert, den Zivildienst für Dienstverweigerer, eine «neutrale und politisch unabhängige» Armee «ohne einseitiges Feindbild, doch mit einem realistischen Kriegsbild».

Für die Sozialdemokraten ist der simple Antikommunismus, wie er in militärischen Kreisen im Schwange ist, stoßend, ebenso wie die Tatsache, daß diese Armee zu viele Waffen in den USA kauft. Als einziger hatte übrigens ausgerechnet ein freisinniger Waadtländer Volksvertreter vorgeschlagen, den Chinesen Jeeps abzukaufen. Sein Name war Jean-Pascal Delamuraz. Als Bundesrat und Vorsteher des EMD verfolgte er diese Idee nicht weiter.

Die wenigen «Militärexperten» der SPS vertreten den Standpunkt, die Armee müsse sich auf das Gefecht im infanteristisch günstigen Gelände beschränken, statt den Gegner da, wo er angreift, mit schlagkräftigen mechanisierten Kräften zu bekämpfen suchen. Für diese Befürworter der statischen Verteidigung haben alle andern Waffengattungen (Flab, Artillerie, Panzerabwehr, Flugwaffe usw.) die Aufgabe, den infanteristischen Kampf zu unterstützen. Das schließt jede Priorität des Panzerkampfs aus.

Heilige Kühe in Gefahr. Gerade als die zahlreichen Mängel des schweizerischen Eigenfabrikats Panzer 68 bekannt werden, veröffentlicht die SPS 1979 ein «Schwarzbuch», in dem rund fünfzig «Skandale» des EMD aufgelistet sind: P-16-Fiasko, Mirage-Affäre, Fall Jeanmaire usw. Es sieht die Grundlage dieser Pannen in dem Umstand, daß alle Sachfragen in bezug auf das EMD zu Glaubensfragen hochstilisiert werden, zu einem Problem der Unterstützung oder Ablehnung der Armee: «Die Rüstungsprogramme gehen so völlig kritiklos durch. Das EMD kann nach Belieben schalten und walten.»

Sind die Sozialdemokraten für oder gegen die Armee? Militärischen Dingen stehen sie wie Puritaner der Sünde gegenüber: mit einer Mischung von Faszination und Abscheu. Doch sie sind die einzigen, die gelegentlich an die Tabus rühren, die die Armee umgeben, und die das EMD, diese «heilige Kuh der Bürger und der Wirtschaft», in Bedrängnis bringen.

Um den als verhängnisvoll beurteilten Elan der Militärs zu bremsen, fordern die Sozialdemokraten mit einer Volksinitiative die Referendumspflicht für Rüstungsausgaben. Der Vorstoß wird im Frühjahr 1987 abgelehnt, jedoch knapp. Allzulange wird das EMD nicht Ruhe haben...

Fallstricke

Bis zum Einmarsch der sowjetischen Truppen in Ungarn, im Herbst 1956, hat die schweizerische Linke mehrere Volksinitiativen zur Rüstungsbegrenzung eingereicht. Das blutige Geschehen in Budapest führt in der Schweiz zu einem allgemeinen Konsens für den Ausbau der Landesverteidigung. Dennoch werden 1962 und 1963 zwei Initiativen gegen die atomare Rüstung lanciert. 1972 verwerfen die Schweizer eine Volksinitiative, mit der eine drastische Beschränkung des Waffenexports gefordert wurde. 1977 und 1984 verweigern sie zwei Vorlagen die Zustimmung, die den Dienstverweigerern aus Gewissensgründen entgegengekommen wären. Diese Niederlagen scheinen jedoch einen Teil der Linken nicht zu entmutigen, lancieren sie doch mehrere Initiativen, durch die die Armee stärker kontrolliert oder gar gänzlich in Frage gestellt wird. Diese Versuche haben zumindest einen positiven Aspekt. Sie beweisen, daß Abstimmungen über Tabuthemen völlig normal verlaufen können. Und das ist ein Beweis, daß die helvetische Demokratie intakt ist.

Ein gemäßigtes Nein. Die letzte Niederlage in Militärfragen stecken die Sozialdemokraten am 5. April 1987 ein. Ihre bereits erwähnte Volksinitiative für die Mitsprache des Volkes bei Militärausgaben (Rüstungsreferendum) wird von 59,4 Prozent der Stimmbürger verworfen, und dies bei einer Beteiligung von 41,7 Prozent. Nur gerade drei Stände haben diese Initiative angenommen, mit der dem Schweizer Volk ein Entscheidungsrecht über die Kredite zur Beschaffung von Kriegsmaterial, den Landkauf, den Bau von militärischen Anlagen und militärische Forschungsprogramme zugestanden werden sollte: der Jura mit 54,1 Prozent Jastimmen, Basel-Stadt mit 52,2 und Genf mit 50,6 Prozent. Mit über 65 Prozent Nein wurde sie in den beiden Appenzell (Appenzell Innerrhoden 73,7%), im Aargau, Thurgau, den Innerschweizer Kantonen und im Wallis verworfen.

Viele Befürworter des Referendums bei Militärausgaben sind jedoch nicht unbedingt Armeegegner, und das Ergebnis der Initiative zeigt zumindest, daß die Armee nicht mehr völlig tabu ist. Die Schweizer haben die Initiative deutlich abgelehnt, aber nicht mit erdrückender Mehrheit. Und sie sind nicht in Scharen an die Urnen geeilt, um die Militärs zu unterstützen. Sie haben ihnen erneut ihr Vertrauen ausgesprochen, aber in Maßen. Über 40 Prozent der Stimmenden haben eine Initiative gutgeheißen, die die Parteien des Zentrums und der Rechten im Chor als «links» abqualifizierten und die nach ihnen die Aufgaben der Armee nur behindern und die Landesverteidigung schwächen würde. Die Militärs ihrerseits wiesen immer wieder darauf hin, daß die Sozialdemokraten die Initiative nur mit der Unterstützung der extremen Linken zustande gebracht hätten, vor allem dank den 33 000 Stimmen, die ihnen die scharf antimilitaristische Sozialistische Arbeiterpartei (SAP), die ehemalige Marxistisch-Revolutionäre Liga, eingetragen habe.

Die Grundsatzdiskussion. Die Initiative hat zu einer Grundsatzdebatte über die Armee und ihre Kontrolle durch das Volk geführt. Gemäß der verworfenen Vorlage hätte es genügt, innerhalb von 90 Tagen 50 000 Unterschriften zusammenzubringen, um militärische Ausgaben dem Referendum zu unterstellen. Helmut Hubacher, Präsident der SPS, stellte die Frage: «Wenn man eine Initiative über Wanderwege zustande gebracht und ein Gesetz für Sauerkraut erlassen hat, wieso soll man dann das Volk nicht auffordern, über wichtige militärische Ausgaben zu entscheiden? Wer hat denn eigentlich Angst vor dem Volk?»

Die bürgerlichen Parteien halten dagegen, daß die Rüstungsprojekte viel zu kompliziert und zu geheim seien, um vor das Volk gebracht zu werden. Und warum, fragen sie, soll das Referendum des Volkes nur auf die militärischen Ausgaben beschränkt werden? Wieso soll es nicht für alle Bundesausgaben gelten? Die Drohung ist kaum verhüllt: Ein allgemeines Finanzreferendum, mit dem alle Bundesausgaben angefochten werden könnten, könnte bei der Entwicklungshilfe oder bei der Studienförderung, zwei Ausgabenblöcken, die zweifellos weniger populär sind als jener für die Armee, zu massiven Kürzungen führen. Mit der Niederlage dieser Initiative hat die schweizerische Linke eine Schlacht verloren, aber nicht den Krieg. Im zweiten Ansturm, mit der bereits erwähnten Rothenthurm-Initiative, hat sie am 6. Dezember 1987 gezeigt, daß sie auch zu siegen versteht.

Für die Abschaffung der Armee. Die Initiative «für eine Schweiz ohne Armee und für eine globale Friedenspolitik» geht viel weiter als die Versuche der SPS. Sie will die Armee abschaffen und verbietet dem Bund, den Kantonen und Gemeinden, «Streitkräfte zu bilden oder zu unterhalten». Die von einer Gruppe linksextremer junger Zürcher unter der Führung von Andreas Gross lancierte Initiative wird von den Jungsozialisten, der Sozialistischen Arbeiterpartei (SAP) sowie der Mehrzahl der Friedensbewegungen unterstützt und wurde im Dezember 1986 mit 111 300 Unterschriften in Bern eingereicht.

Für den ehemaligen EMD-Vorsteher Georges-André Chevallaz sind die Initianten Träumer: «Ohne militärische Verteidigung ist unsere Neutralität nur ein Fetzen Papier!»

Jörg Zumstein, der ehemalige Generalstabschef, wird noch deutlicher: «Diese Initiative ist unehrlich, denn ein Land ohne eine Armee – die eigene oder die eines Feindes – gibt es nicht. Geradesogut könnte man eine Initiative zur Abschaffung des Hagels lancieren. So stellt sich denn auch die Frage, ob hier nicht mit Volksrechten Mißbrauch getrieben wird.»

Bei ihrem antimilitaristischen Kampf ziehen die helvetischen Linksextremen allerdings den demokratischen Weg der Subversion oder Gewalt vor. Auf der Rechten wird das immerhin von einigen wenigen erkannt und begrüßt.

Mit dem Frontalangriff auf die Armee wollen die Initianten Denkweisen verändern. Ihr Programm: Die Schweiz soll sich einsetzen «für eine globale Friedenspolitik, welche die Selbstbestimmung des Volkes und die Solidarität zwischen den Völkern stärkt». Und sie sind überzeugt: «Eine Welt in Frieden kann nur eine Welt ohne Waffen sein.»

Keine Geschenke. In den letzten Jahren hat das Parlament auch eine Vielzahl von Petitionen zurückgewiesen, mit denen in der Armee gewisse Annehmlichkeiten des Zivillebens verwirklicht werden sollten: Wochenendurlaub, mindestens sieben Stunden Nachtruhe oder drei freie Abende pro Woche, Verbot von Nachtübungen am Freitagabend. Diese Forderungen wurden als «unvereinbar mit den Anforderungen des Dienstbetriebs» beurteilt. Auch die Institution eines Armee-Ombudsmanns, bei dem sich die Wehrmänner gegen Willkür beklagen könnten und der die Einhaltung der Grundrechte in der

Armee zu überwachen hätte, wurde abgelehnt. Dabei war diese Idee von einem Berner Anwalt eingebracht und verteidigt worden, der den Hauptmannsgrad bekleidet und für eine starke Armee eintritt.

Die Armee der Dispensierten

«Jeder Schweizer ist wehrpflichtig.» Der so eindeutig und unwiderruflich wirkende Verfassungstext erlaubt viele Ausnahmen: mehr als einer von drei Bürgern ist von seinen militärischen Pflichten dispensiert, in erster Linie aus medizinischen Gründen physischer und psychischer Art. 1984 zahlten über 430000 Schweizer Männer zwischen 20 und 50 Jahren 122 Millionen Franken Wehrpflichtersatz (1975 waren es 87, 1965 noch 35 Millionen Franken gewesen). Diese 430000 Männer verfügten also alle über einen Dispens temporärer oder definitiver Art; 1983 hatte ihre Zahl 404000, 1982 419000, 1981 370000 und 1978 415000 betragen.

Um richtig gewichten zu können, muß man die jährlich rund 700 Dienstverweigerer aus Gewissensgründen (0,16 Prozent des Truppenbestands) im Verhältnis zu den 433000 diensttuenden Wehrmännern und diesen 430000 Dispensierten sehen. Von den Dispensierten sind 65 Prozent dienstuntauglich, 25 Prozent dienen in den Hilfstruppen und bezahlen einen reduzierten Militärpflichtersatz, 10 Prozent sind ersatzpflichtig, weil sie ihren Dienst verschoben haben (und erhalten die Steuer zurück, wenn sie ihre Wehrpflicht nachgeholt haben). 1985 wurden 7000 Schweizer wegen Auslandaufenthalts dispensiert, 1984 waren es über 10000 gewesen.

Und eine Zahl zum Abschluß: 20 bis 25 Prozent der jungen Schweizer absolvieren die Rekrutenschule nicht oder beenden sie nicht.

Dienstverweigerung aus Gewissensgründen. Der Stachel der Dienstverweigerung aus Gewissensgründen sticht die Schweizer Armee seit Anfang des Jahrhunderts: 1903 wird der Sozialistenführer Charles Naine zu drei Monaten Gefängnis verurteilt... eine erste Petition zur Schaffung eines Zivildiensts ist die Folge. Es wird noch Dutzende weitere geben, als Reaktion auf Strafen, die bis zu zwölf Monaten Gefängnis gehen. Erst 1967 wird das Strafmaß für Dienstverweigerer aus religiösen oder ethischen Gründen erstmals erleichtert. Seither büßen sie für ihre Überzeugung im offenen Strafvollzug und können außerhalb arbeiten. Wer den Dienst aus politischen Motiven verweigert, hat hingegen keinen Pardon zu erwarten.

Das Schweizer Volk hatte zweimal zu dieser Frage Stellung zu nehmen und sagte beide Male nein. 1977 verwarf es mit einer Mehrheit von 62,4 Prozent eine Vorlage des Bundesrates, die religiöse und moralische Beweggründe für die Dienstverweigerung anerkannte. Dieser Gesetzestext wird dem Volk vorgelegt, nachdem das Parlament dem Prinzip der Münchensteiner Initiative zugestimmt hat. Von den Gymnasiallehrern dieses Orts lanciert, forderte die Initiative die Schaffung eines Zivildiensts für jene, die den Militärdienst nicht mit ihrem Glauben oder ihrem Gewissen vereinbaren können.

Neben Armeekreisen bekämpfen auch die Linksextremen diese Lösung, die die politischen Verweigerer benachteiligt: «... als ob sich das Gewissen wie ein Salami teilen ließe».

Am 26. Februar 1984 verwerfen die Schweizer mit 63,8 Prozent Nein die Volksinitiative «für einen echten Zivildienst auf der Grundlage des Tatbeweises». Nur Genf und Basel-Stadt nehmen knapp an, mit 51 und 53 Prozent Jastimmen.

Überflüssiges Unbehagen. Die Zahl der Dienstverweigerer während der beiden Weltkriege (1914–1918 pro Jahr 11, 1939–1945 im Schnitt 13) zeigt, daß sie sinkt, wenn die Bedrohung an den Grenzen zunimmt. Vierzig Wehrpflichtige, darunter zwanzig Zeugen Jehovas, verweigerten 1960 den Dienst. 1968 zählte man 88, 1984 788 Dienstverweigerer. 1986 sank ihre Zahl im zweiten aufeinanderfolgenden Jahr und betrug noch 542. Nach offiziellen Statistiken verweigerten in diesem Jahr 211 Jugendliche den Dienst aus religiösen oder ethischen Gründen, 47 aus politischer Ablehnung und 284 wegen «Aversion gegen die Disziplin, Angst vor Unterordnung, Furcht vor Anstrengungen/Gefahren, Verweigerung eines Beförderungsdiensts».

Eines ist gewiß: Es herrscht ein Mißbehagen. Dienstverweigerer aus Gewissensgründen werden ins Gefängnis gesteckt, obwohl selbst die Militärjustiz ihre religiösen oder ethischen Beweggründe als achtenswert beurteilt. Das führt dazu, daß Amnesty

Bewachen diese Soldaten, hier in Neuenburg, einen meisterhaft getarnten Bunker? Vielleicht genießen sie auch einfach die Sonne und tun, was man im Militär meistens tut: warten. Soldaten gehören in diesem Land zum Alltag. Sie sind Zivilisten in Uniform, so, wie manche der Sonnenanbeter Soldaten in Zivil sind.

International jedes Jahr ein halbes Dutzend wegen ihrer Überzeugung einsitzende Schweizer Häftlinge «betreuen» kann. Und das behagt Bern nicht.

Neben der Türkei ist die Schweiz das einzige europäische Land, das keine Rechtsstellung für seine Dienstverweigerer aus Gewissensgründen kennt. Und noch im April 1987 enthält sich die Schweiz der Stimme, als der Europarat über eine Empfehlung abstimmt, alle Personen vom Wehrdienst zu befreien, die aus überwiegenden Gewissensgründen den Gebrauch von Waffen ablehnen. Dennoch erkennt heute jedermann an, daß für dieses Problem eine Lösung gefunden werden muß, zumal eine Geste der Toleranz gegenüber den Dienstverweigerern für die Armee kein Verlust wäre. Doch wie soll diese Geste aussehen?

Ein Projekt der Armee. Eine vom EMD ernannte Kommission unter Leitung des Armee-Oberauditors (des Chefs der Militärjustiz) schlägt vor, das Problem mit einer Änderung des Militärstrafrechts zu lösen. 1987 übernimmt der Bundesrat diesen Vorschlag: Die «echten» Dienstverweigerer, deren schwerer Gewissenskonflikt (aus religiösen oder ethischen Beweggründen) gerichtlich anerkannt ist, sollen ihre Strafe nicht mehr im zivilen Strafvollzug verbüßen. Anstelle von vier oder sechs Monaten Gefängnis sollen sie maximal vierundzwanzig Monate lang Arbeiten im öffentlichen Interesse leisten. Diese Zeitspanne entspricht dem Anderthalbfachen des verweigerten Militärdiensts. Vor allem aber sollen diese Verweigerer nicht mehr als Kriminelle behandelt und die Strafe soll nicht im Strafregister eingetragen werden. Die Kantone sollen ihnen die Aufgaben zuteilen: Waldputzete, Hilfsdienst in Spitälern und Heimen, Wasserkorrektion. Diese Maßnahmen, die einem Drittel der Dienstverweigerer das Gefängnis ersparen könnten, würden den Bund 2 bis 10 Millionen Franken kosten. Die Zuweisung der Verweigerer würde durch das Biga (Bundesamt für Industrie, Gewerbe und Arbeit) übernommen.

Bei diesem Vorschlag ist es allerdings erforderlich, daß die Militärgerichte weiterhin über Gewissensfragen urteilen und die «guten» von den «schlechten» Verweigerern trennen sollen. Die Pazifisten sind deshalb dagegen, aber auch Militärkreise. Und Amnesty International forderte bereits, der Zivildienst solle außerhalb des militärischen Apparats geleistet werden, Gestaltung und Dauer des Diensts keine Bestrafung der Dienstverweigerer aus Gewissensgründen darstellen.

Und dazu stellt sich eine grundsätzliche Frage: Wieso sollten Dienstverweigerer, die heute eine Strafe von sechs Monaten im offenen Vollzug verbüßen, achtzehn Monate Zivildienst vorziehen? Nur damit ihre Verurteilung nicht im Strafregister steht? Wohl kaum. Einen Vorteil hat diese Lösung, so umstritten sie ist, dennoch: Sie scheint ein politisch akzeptabler Kompromiß zu sein. Immerhin etwas.

Die Angst vor dem Beispiel. Die Militärs fürchten jedoch vor allem den Ölfleckeffekt: Sie haben eine Heidenangst davor, daß die Zahl der Dienstverweigerer nach Einräumung eines rechtlichen Status lawinenartig anschwellen könnte.

Als ehemaliger EMD-Vorsteher und Stütze des schweizerischen Freisinns teilt Georges-André Chevallaz diese Meinung: «Ich warne vor zu großer Nachsicht gegenüber den Dienstverweigerern. Vor einer Nachsicht, die sie glauben machen könnte, sie zeugten von besonderer Gewissensqualität, sie seien wirklich hundertprozentige Christen, während die 35 000 Rekruten, die alljährlich tapfer ihren Dienst leisten und Unannehmlichkeiten auf sich nehmen, vier Monate lang, im Regen und Schnee, ein minder gutes Gewissen hätten, elastisch, nachgiebig gegenüber zeitweiligen Erfordernissen. Als wären sie in ihrem verwaschenen Feldgrau – angesichts der ins weiße Linnen der Unschuld gekleideten Verweigerer – sozusagen billigere Christen.»

Und Chevallaz fährt fort: «Der Krieg ist zweifellos das brutalste, unvernünftigste, verabscheuungswürdigste Mittel, mit dem der Mensch seine Meinungsverschiedenheiten austrägt. Aber es gibt ihn, und es gibt ihn immer noch, trotz 25 Jahrhunderten buddhistischer Lehren und 2000 Jahren seit der Bergpredigt. Und er läßt sich nicht verhindern, er ist mit Beschwörungen, Gebeten und Friedensmärschen in den von Unterwerfung bedrohten Ländern nicht zu widerlegen oder abzuhalten.» Und: «Die Kommunisten von 1917, die in der Internationale sangen, daß ihre Kugeln für die eigenen Generäle bestimmt seien, wären wohl erstaunt, wenn sie an den Defilees der mächtigsten Armee der Geschichte teilnehmen würden.» Und der Protestant Chevallaz vergißt auch das Wort des Reformators nicht, der überzeugt ist, daß die menschliche Natur unfähig sei, aus eigener Kraft das Gute zu tun.

Dennoch bleibt die Tatsache bestehen, daß diese Angst der Militärs alljährlich zur ungerechtfertigten Verurteilung von rund 250 Dienstverweigerern aus religiösen oder ethischen Beweggründen führt.

Dienst ohne Waffen. Anfang 1982 macht der Bundesrat eine Geste: Er erleichtert die Möglichkeit, ohne Waffe Dienst zu tun. Grundlegend ändert sich am Prinzip nichts: Zugelassen werden nur jene Wehrpflichtigen, die der Dienst mit der Waffe aus religiöser oder moralischer Überzeugung in einen tiefen Gewissenskonflikt stürzen würde. Die «Politischen» haben kein Anrecht auf den waffenlosen Dienst. Die Unbewaffneten werden nicht mehr den Sanitäts- oder Luftschutztruppen zugeteilt. Die Erlaubnis zum Dienst ohne Waffen wird im Schnitt rund 200 Wehrmännern pro Jahr gewährt (bei 400 bis 500 Gesuchen).

Das EMD möchte für die Unbewaffneten einen zusätzlichen Wiederholungskurs einführen, «insbesondere als Kompensation für die obligatorische Schießpflicht».

Die Militärjustiz. 1984 haben die Militärgerichte 3600 Fälle behandelt und 2600 Urteile gefällt, bei denen es um Verletzungen des Militärstrafgesetzes durch Wehrmänner im Dienst ging. Die insgesamt zwölf Divisionsgerichte mit 14 Abteilungen (zwei Gerichte führen zwei verschiedensprachige Abteilungen) setzen sich aus einem Präsidenten (Oberst oder Oberstleutnant) sowie aus vier Richtern und einem Gerichtsschreiber zusammen. Als Richter amten je zwei Offiziere und zwei Unteroffiziere, Gefreite oder Soldaten. Der Ankläger oder Staatsanwalt wird Auditor genannt.

Am 28. November 1978 hat die Schweiz hochgemut die europäische Menschenrechtskonvention ratifiziert. Als Folge dieses Akts muß sie ihr Militärstrafrecht anpassen. Die wichtigste Neuerung ist 1980 in Kraft getreten, und zwar durch die Schaffung von drei Militärappellationsgerichten mit insgesamt fünf Abteilungen, an die Urteile und Entscheide der Divisionsgerichte weitergezogen werden können. Mit einer Kassationsbeschwerde können die Urteile und Entscheide der Appellationsgerichte sowie Abwesenheitsurteile der Divisionsgerichte angefochten werden.

Seit 1980 können die Schweizer Wehrmänner auch Disziplinarstrafen beziehungsweise Entscheide über Disziplinarbeschwerden mit einer Disziplinargerichtsbeschwerde anfechten, über die ein Ausschuß des zuständigen Militärappellationsgerichts entscheidet. Disziplinarbeschwerde wie -gerichtsbe-

Zahl der verurteilten Dienstverweigerer seit 1970, nach den Motiven

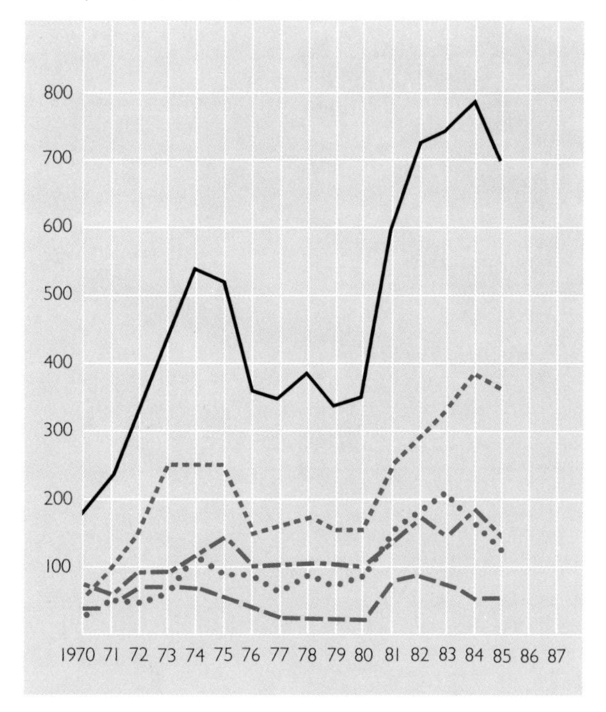

— Insgesamt
– – Religiöse Motive
–·– Ethische Motive
•••• Politische Motive
---- Andere Motive (Aversion gegen die Disziplin, Angst vor Anstrengungen/Gefahren, Verweigerung eines Beförderungsdiensts.

Man ist entweder für die Armee – oder dagegen. Zumindest sehen das manche Militärs so, die oft selbst wohlmeinende Kritik innerhalb der Truppe bereits als kleinen Verrat betrachten.

schwerde hemmen den Vollzug der Strafe. Diese Änderung des schweizerischen Militärstrafgesetzes erfolgte als Reaktion auf ein Urteil des Europäischen Gerichtshofs für Menschenrechte in Straßburg im Fall eines holländischen Soldaten, der gegen das Fehlen von Disziplinarstraf-Rechtsmitteln im niederländischen Militärstrafrecht geklagt hatte.

Der Freiburger Sozialdemokrat Félicien Morel ist der Ansicht, daß «eines der Ziele der Sozialdemokratischen Partei die Abschaffung der Militärjustiz bleibt». Und Edmond Kaiser, der Gründer von Terre des Hommes, meint: «Es kann nicht zweierlei Recht geben, ein gewöhnliches Recht im Sinne der idealen Gerechtigkeit und ein Ausnahmerecht, die im Dienst eines einzelnen staatlichen Organs stehende Militärjustiz.»

Im Januar 1978 hat der Nationalrat einen Antrag der Sozialdemokraten mit großer Mehrheit verworfen, der forderte, daß Militärstrafsachen an ordentliche Gerichte überwiesen würden.

Nationale Subversion im Dienste des Landes. Es ist offensichtlich, daß die Militärs in diesem Lande jedesmal in Aufregung geraten, wenn sie von Pazifismus oder Gewaltlosigkeit reden hören. In Zürich hat ein Oberstleutnant namens Ernst Cincera mit einem Archiv über «Linke» und Pazifisten zweifelhafte Bekanntheit erlangt, die ihn die Beförderung zum Obersten kostete. Seine Dossiers stellte er bei Bedarf und Gelegenheit befreundeten Firmen und Organisationen zur Verfügung. 1983 wurde er in den Nationalrat gewählt.

Die große Angst vor den Methoden des gewaltlosen Protests ist ein weiterer Beweis, sofern es eines solchen bedurfte, für ihre Wirksamkeit. Wenn aber Gewaltlosigkeit oft bedrohlicher wirkt als Kanonen, wieso sollte man sie dann nicht auch für die Landesverteidigung einsetzen? Wieso soll man sich auf Kanonen beschränken?

Man könnte sich ja durchaus vorstellen, daß die Schweiz ein Bundesamt für gewaltlose Landesverteidigung einrichten würde. Ein Bundesamt, das selbstverständlich einem zivilen Departement unterstellt wäre. Es hätte den Auftrag, den passiven und ideologischen Widerstand vorzubereiten, Boykotts, Streiks und Dienst nach Vorschrift, die Lähmung des wirtschaftlichen Systems, kurz, die gegen einen Besetzer gerichtete nationale Subversion. Und statt die gewaltlosen Dienstverweigerer ins Gefängnis zu stecken, könnte man sie doch an der Landesverteidigung beteiligen und zudem ihre Kenntnisse nutzen.

Ein Traum? Höchstwahrscheinlich. Dabei schrieb selbst der Bundesrat 1973 in seinem Bericht über die Sicherheitspolitik: «Die Guerilla und der passive Widerstand werden vorbereitet und wenn notwendig innerhalb der Grenzen des für die Zivilbevölkerung geltenden Rechts in Kriegszeiten (des Kriegsrechts) geführt, um dem Gegner unseren unerschütterlichen Willen zu beweisen, in Freiheit zu leben; ihr Ziel ist, dem Gegner die Besetzung unseres Territoriums durch alle verfügbaren Mittel zu erschweren.» Und die Schweiz hat auch begriffen, daß die Entwicklungshilfe für die Drittweltländer ein entscheidendes Element ihrer Sicherheit ist: Man muß dem Süden helfen, um den Frieden zu sichern.

1986 wurde ein bemerkenswertes Instrument geschaffen: die Bildung von Expertengruppen, die auf Anforderung der Großmächte oder von Ländern im Kriegszustand an Ort und Stelle die Einhaltung von Abrüstungs- beziehungsweise Waffenstillstandsvereinbarungen überwachen können. Um in diesem Bereich voranzukommen, muß man Zeit und Ideen haben.

Der Pazifismus. Als Reaktion auf den Vietnamkrieg, die Zunahme bewaffneter Konflikte und den Rüstungswettlauf hat die schweizerische Friedensbewegung in den Jahren zwischen 1960 und 1984 einige Bedeutung gewonnen (die allerdings in der Folge wieder zurückging). Sie stützt sich auf Atomkraftgegner, Gegner des Kapitalismus, auf die linken, umweltschützerischen oder ganz einfach fortschrittlichen Kräfte des Landes. Insgesamt gibt es in der Schweiz rund 85 mehr oder weniger pazifistische Vereinigungen. Ein Dutzend dieser Organisationen ist im Schweizerischen Friedensrat mit Sitz in Zürich zusammengeschlossen. Beeinflußt durch die starken Friedensbewegungen in der Bundesrepublik und in Holland, setzen sich diese Organisationen für ein atomwaffenfreies Europa ein. Zu erwähnen wären auch das Centre Martin Luther King in Lausanne, das Comité romand contre la mort nucléaire, der Internationale Zivildienst, Frauen für den Frieden und die Friedensgruppe.

Wissenschaftliche Friedensforschung wird aber auch von Institutionen gefördert, wie etwa dem GIPRI (Geneva International Peace Research Institute). Das GIPRI will die «Exklusivität der Fähigkeiten und Techniken zur Vorbereitung des Kriegs von morgen» nicht länger den Militärs überlassen. In Basel arbeitet das Forum für praktische Friedensforschung seit 1981 für Friedenserziehung und Rüstungsabbau. Doch trotz zahlreicher Vorstöße hat sich die Schweiz bis heute geweigert, ein nationales Friedensinstitut zu schaffen.

Auch die Kirchen und religiöse Vereinigungen setzen ihre christliche Botschaft in wachsendem Maß dem «Gleichgewicht des Schreckens» entgegen, obwohl das manche ihrer Schäfchen in Rage bringt. Und schließlich hören auch bedeutende Persönlichkeiten, wie die Dichter Max Frisch und Friedrich Dürrenmatt, nicht auf, an das «Gewissen der Neutralen» zu appellieren und den Wahnsinn der Aufrüstung und Überrüstung zu brandmarken. Ihre Stimme ebenso wie jene des kürzlich verstorbenen Denis de Rougemont findet als Zeugnis des schweizerischen Pazifismus in der ganzen Welt Gehör. Wenn Dürrenmatt sagt, die Abschaffung der Armee sei «ein großer Beweis der Klugheit», macht er damit im Ausland Schlagzeilen. Dennoch prophezeit die deutsche Presse: «Die Schweizer würden eher die Alpen abschaffen als ihre Armee.»

In ihren besten Jahren, von 1980 bis 1983, brachte die schweizerische Friedensbewegung rund 50 000 Demonstranten auf die Beine. Sind sie wirklich alle von Moskau aus gesteuert? Mit der Schließung des Berner Büros der sowjetischen Presseagentur Novosti, im Mai 1983, schien Bundesrat Rudolf Friedrich den Beweis für diese Verbindung erbracht zu haben. Das Material erwies sich nachträglich allerdings als recht dürftig. Zu dürftig jedenfalls, um damit die ganze Friedensbewegung diskreditieren zu können. Die ganze Affäre hinterläßt einen Beigeschmack von Hexenjagd: Die konformistische Schweiz hat die fatale Gewohnheit, alle Andersdenkenden in die Schublade der Verräter oder Spione zu stecken.

In dem 1969 vom Eidgenössischen Justiz- und Polizeidepartement im Auftrag des Bundesrates herausgegebenen Handbuch *Zivilverteidigung* steht unter dem Titel «Der Feind will Parteigänger gewinnen», daß die neue Ordnung die Schweiz allein durch die Propaganda erobern könnte: «In der Schweiz wird eine Organisation geschaffen, die in spätestens zehn Jahren die Macht ergreift... Als äußeren Rahmen gründen wir eine politische Partei... Sie stützt sich auf einen kleinen Kern zuverlässiger und zu allem bereiter Mitglieder. Es geht weniger darum, die Macht in demokratischen Wahlen zu erlangen. ... In Ländern mit hohem Lebensstandard ist es nicht leicht, die Massen zu gewinnen; deshalb müssen die Unzufriedenen herausgesucht werden. Intellektuelle und Künstler eignen sich gut als Lockvögel und Aushängeschilder. Propaganda macht man nicht mit Arbeitern. Ein Professor, Journalist oder Pfarrer ist viele Arbeiter wert ...»

Das bei seinem Erscheinen stark umstrittene Büchlein hat das Verdienst, eine Liste aller Opfer der «Spionitis» zusammenzustellen, die in der Schweiz grassiert: Jedermann ist verdächtig außer dem Chef der schweizerischen Spionageabwehr, Albert Bachmann, der auch als Verfasser der *Zivilverteidigung* zeichnet. Das Werk erschien, bevor ausgerechnet Albert Bachmann den einzigen großen Verräter der schweizerischen Nachkriegsgeschichte enttarnte: den Luftschutzbrigadier Jean-Louis Jeanmaire. Er wurde von einem Militärgericht degradiert und zu 18 Jahren Zuchthaus verurteilt.

Doch Naivität wäre Dummheit! Auch wenn die Unterstellung beleidigend ist, die Friedensbewegten seien «im Dienst» Moskaus, so ist doch offensichtlich, daß die Sowjetunion ihr Möglichstes tut, um die gewaltlose westliche Bewegung für ihre Ziele zu nutzen... allerdings ohne sie auf das eigene Land übergreifen zu lassen. Oder wie François Mitterrand sagte: «Die Raketen sind im Osten, die Pazifisten im Westen.»

Auch in der Schweiz hat die Friedensbewegung seit den Ereignissen in Polen und dem Krieg in Afghanistan an Überzeugungskraft eingebüßt.

2

Gesamtverteidigung mit allen Mitteln

Beim ersten Alarm müßten sie innerhalb von Minuten eingreifen können. Sie, das sind die Berufs-Kampfpiloten des UeG oder Überwachungsgeschwaders. Dank ihrer ausgefeilten Kurventechnik hätten die Piloten dieser Tiger-Zweierstaffel durchaus eine Chance, in einem Luftkampfduell auch gegen modernere und schnellere Maschinen zu bestehen.

Der totale Krieg

Die Armee ist nur ein Teil der schweizerischen Gesamtverteidigung.

Ein Jahr vor dem Ende des Dreißigjährigen Kriegs, 1647, brachte die eidgenössische Tagsatzung nach mehreren Grenzverletzungen ein gesamtschweizerisches Abkommen zur Sicherung der bewaffneten Neutralität zustande, das Defensionale zu Wil, das einen gemeinsamen Kriegsrat sowie drei Truppenauszüge mit je 12 000 Mann und total 147 Kanonen zum Schutz der Grenzen vorsah. Diese Wehrorganisation beruhte nicht mehr auf einem geworbenen fliegenden Heer, sondern auf dem Auszug der Orte und Zugewandten. Die Stärke der einzelnen Kontingente und der dazugehörigen Reiterei, Anzahl und Beschaffenheit der Geschütze, Zahl und Grad der Offiziere, die Sammelplätze und die Art der zu errichtenden Proviantmagazine wurden festgesetzt. Neben den militärischen Aspekten sahen das Defensionale von Wil und die weiter ausgebaute Wehrorganisation, das Eidgenössische oder Badener Defensionale von 1668, noch weitere Koordinationsmaßnahmen vor allem logistischer Art vor.

Mit den beiden Abkommen haben die Eidgenossen die Gesamtverteidigung erfunden. Später haben sie sie wieder vergessen. 1945 prangert General Henri Guisan in seinem Bericht an die Bundesversammlung die Mängel an Vorbereitung und Information an, die er bei Kriegsbeginn feststellen mußte. Er beklagt vor allem

- die unzulängliche Bewaffnung: 1939 verfügte die Armee über 835 Panzerabwehrwaffen (1945: 5834) und 44 Fliegerabwehrkanonen (3699);
- das Fehlen jeglichen Einsatzplans für die Armee, der den verschiedenen möglichen Angriffsrichtungen Rechnung trägt, ebenso wie die Absenz eines Grunddispositivs, einer Schlachtordnung oder eines Zeitplans für Verschiebungen;
- die praktisch nicht existierende Spionageabwehr und verschiedene andere Punkte.

Seit dem Bericht des Generals haben die Schweizer ihre Verteidigung verstärkt, und zwar nicht nur auf militärischem Gebiet. Im Bericht des Bundesrats an die Bundesversammlung vom 27. Juni 1973 wird die Konzeption der Gesamtverteidigung definiert. Sie geht vom ureidgenössischen Ziel gemäß Artikel 2 der Bundesverfassung aus: «Der Bund hat zum Zweck: Behauptung der Unabhängigkeit des Vaterlandes gegen außen, Handhabung von Ruhe und Ordnung im Innern, Schutz der Freiheit und der Rechte der Eidgenossen und Beförderung ihrer gemeinsamen Wohlfahrt.»

Heute wird Krieg nicht mehr nur auf militärischer Ebene geführt, man kennt auch den politischen, moralischen, psychologischen, wirtschaftlichen, ökologischen... kurz: den totalen Krieg. Die schweizerische Gesamtverteidigung umfaßt alle strategischen Gegenmaßnahmen, die die Schweiz im Konfliktfall unter der Führung des Bundesrats zu ergreifen hat. Die Armee ist der wichtigste Pfeiler der Gesamtverteidigung, aber nicht der einzige...

Wer befiehlt? Der Bundesrat muß gegen jede Form von Aggression, Attentaten, Erpressung, Terrorismus oder Krieg gewappnet sein. Um seine Entscheidungen in Sicherheitsfragen vorzubereiten und zu erleichtern, um den «Frieden in Unabhängigkeit» wahren zu können, verfügt er über das gewaltige Instrument der Gesamtverteidigung und damit über eine Fülle von Experten, faßt es doch sämtliche zivilen und militärischen Kräfte zusammen, um den verschiedenen Bedrohungen begegnen zu können.

Bei der Führung im Rahmen der Gesamtverteidigung stützt sich der Bundesrat auf den Stab für Gesamtverteidigung. Unter dem Vorsitz des Direktors der Zentralstelle für Gesamtverteidigung sind darin die für die Teilbereiche der Gesamtverteidigung zuständigen Bundesstellen zusammengefaßt: je ein Vertreter der sieben Departemente und der Bundeskanzlei, der Direktor des Bundesamts für Zivilschutz, die Unterstabschefs Logistik und Planung der Gruppe für Generalstabsdienste sowie der Delegierte des Bundesrats für Fragen der Gesamtverteidigung.

Andere Experten bilden die «Lagekonferenz»; sie koordinieren die Tätigkeit der verschiedenen Nachrichtendienste, beurteilen Lage und Bedrohung und schlagen Maßnahmen und Lösungen vor.

Dem Rat für Gesamtverteidigung, einem Konsultativorgan des Bundesrats, gehören Vertreter der Kantone und der verschiedenen Bereiche des nationalen Lebens an: Privatwirtschaft, Wissenschaft, Frauenorganisationen, Jugend usw. In Fragen der Sicherheit ist die ganze Schweiz dabei.

Die Zentralstelle für Gesamtverteidigung, mit einem hauptamtlichen Direktor, ist administrativ dem EMD unterstellt, bearbeitet aber zuhanden des Bundesrats laufend alle Fragen der Gesamtverteidigung. Gleichzeitig ist sie das Bindeglied zwischen dem

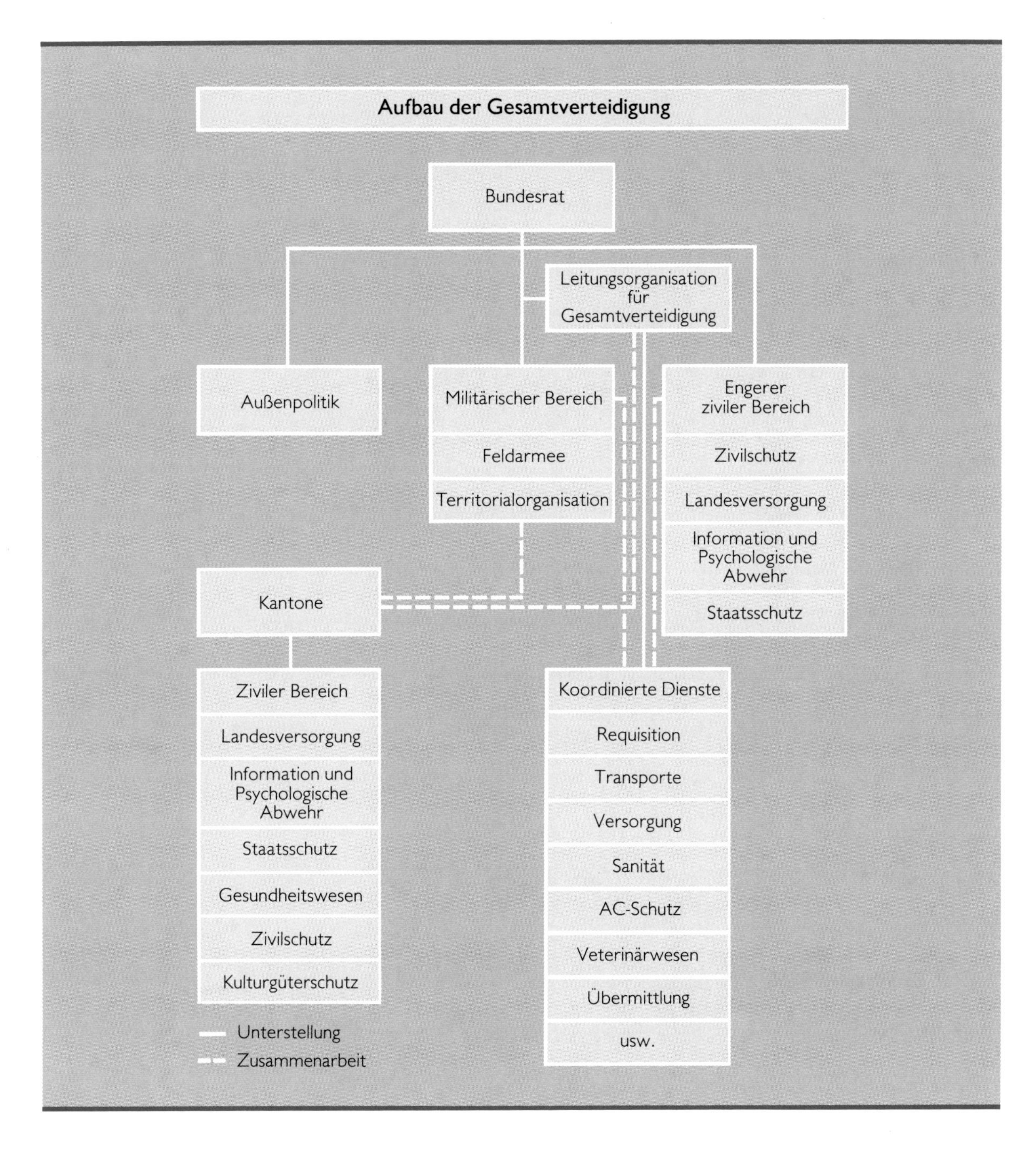

Bund und den kantonalen Krisenstäben. In den letzten Jahren litt ihre Effizienz allerdings unter gewissen Personalproblemen.

Mit Information gegen die Desinformation. Die Notwendigkeit der psychologischen Verteidigung ist wohl kaum mehr zu bestreiten, seit Goebbels bewiesen hat, daß die psychologische Kriegführung, die Propaganda, mindestens soviel wert ist wie Kanonen. Heute gehören Subversion, Propaganda und Irreführung zu Kriegswaffen, die auch in Friedenszeiten eingesetzt werden. Bis 1977 verfügte die Schweizer Armee über die Sektion Heer und Haus, die mit propagandistischen Mitteln gegen «psychologische Versuche zur Brechung des Verteidigungswillens» kämpfte. Sie wurde durch den

Truppeninformationsdienst (TID) abgelöst, der nicht mehr bis ins Schweizer Heim hineinwirken will. Der TID versichert, man habe den indoktrinierenden Ton zugunsten reiner Information aufgegeben.

Das EMD und sein Pressedienst haben erkannt, daß exakte Information zweifellos die beste Methode zur Bekämpfung der Desinformation ist. Bleibt nur noch, diese Erkenntnis auch überall durchzusetzen und die Geheimnistuerei zu überwinden.

In Krisen- oder Kriegszeiten wird das Bedürfnis nach korrekter Information für unser Land lebenswichtig sein. Wenn die Medien dazu nicht mehr in der Lage sein sollten, werden die Berufsjournalisten der Abteilung Presse und Funkspruch (APF), die dem Bundesrat unterstellt ist, rechtzeitig aufgeboten, um in Uniform ihre Informationsarbeit fortzusetzen. In Kavernen stehen ganze Druckereien sowie Radio- und Fernsehstudios bereit, aber auch eine Presseagentur und ein Funk- und Horchsystem, das Meldungen aus der ganzen Welt auffangen kann. Und da es schließlich um die Sicherheit geht, haben auch die Zensoren bereits ihre Scheren geschliffen. Die für die Zensur Verantwortlichen sind rekrutiert und in die Truppe eingegliedert... glücklicherweise haben sie bisher noch nicht das öffentliche Informationsangebot als Übungsfeld benutzt.

Doch obwohl Information also wieder hoffähig ist, verzichtet der demokratische Staat nicht darauf, seinen polizeilichen Schutz auszubauen (siehe dazu «Überforderte Geheimdienstler», S. 51).

Friedenssichernde Diplomatie. Mit ihrer aktiven Außenpolitik will die Schweiz vor allem «ihren unerschütterlichen Willen zur Aufrechterhaltung der Neutralität» deutlich machen. Eine solche Politik muß notwendigerweise auch ein stabilisierendes Element im Zusammenleben der Völker sein (mit der Ablehnung des UNO-Beitritts haben die Schweizer zweifellos gegen dieses Prinzip der diplomatischen «Abschreckung» verstoßen).

Raymond Probst, einer der großen Diplomaten unseres Landes, ist der Ansicht, die Schweizer Diplomatie müsse strikte Neutralität wahren und gleichzeitig für jeden Einsatz bei der Verhinderung oder Schlichtung von internationalen Konflikten zur Verfügung stehen. Die guten Dienste, die Organisation von Konferenzen und die humanitäre Verpflichtung geben der Diplomatie Gelegenheit, die Möglichkeiten eines kleinen, freien und entschlossenen Landes «an der Front» zu beweisen. Die Entwicklungshilfe und das Schweizerische Katastrophenhilfskorps sind ebenfalls Elemente der Sicherheitspolitik, genauso wie der Außenhandel unseres Landes.

Gegen die wirtschaftliche Erpressung. Die wirtschaftliche Landesversorgung ist der einzige Bereich der Gesamtverteidigung, bei dem man auf reale Ernstfallerfahrungen zurückblicken und somit beurteilen kann, welche Probleme sich stellen, wenn die Schweiz wirtschaftlich erpreßt oder durch Krieg von Importen abgeschnitten wird.

Der Schweizer, der in Friedenszeiten pro Monat 3,38 Kilo Zucker, 5,37 Kilo Fleisch und 3,89 Kilo Kartoffeln verzehrt, müßte seinen Zuckerkonsum in Kriegszeiten auf 1,36 Kilo, den von Fleisch sogar auf 1,60 Kilo herunterschrauben. Dafür dürfte er 15 Kilo Kartoffeln und Dutzende von Büchsen mit fad schmeckender Überlebensnahrung, «Penicam» genannt, verschlingen. Statt mit 3390 Kilokalorien pro Tag müßte sich der statistische Schweizer allerdings mit 2400 Energieeinheiten begnügen.

Sonst aber ist (fast) alles bereit. Gemäß Anweisung hortet natürlich jede Schweizer Familie einen Notvorrat, der für zehn Tage reichen sollte; die Rationierungskarten sind bereits gedruckt, Lebensmittel, Brennstoffe und Medikamente sind für sechs Monate oder länger eingelagert, vor allem dank den Pflichtlagern der Wirtschaft.

Und in der ganzen Schweiz würde jeder Quadratmeter Grün unter den Pflug genommen... das wäre das Aus für den Rasen! Nicht weniger als 450 000 Hektaren würden nach diesem neuen Plan Wahlen bebaut, so benannt zu Ehren desjenigen Bundesrats, der in der «Anbauschlacht» des letzten Kriegs die Kartoffel- und Getreideäcker vervielfacht hatte.

Eine Armee von Schützern. Der Zivilschutz. Nach einer vergleichenden Studie, die das Europäische Institut für Frieden und Sicherheit in Brüssel 1985 veröffentlichte, wäre die Schweiz (die keine Atomwaffen hat) in einem Nuklearkrieg der sicherste Platz auf der Welt: 83 Prozent der Bevölkerung verfügen über einen Schutzraumplatz... Für die andern gibt es genügend behelfsmäßige Schutzräume, die vor 1970 eingerichtet wurden. Und der Bau von Schutzraumanlagen geht noch immer mit einem Rhythmus von rund 250 000 Plätzen pro Jahr voran.

Im Jahr 1986 verfügte die Schweiz über 6 Millionen Schutzplätze für ihre 6,4 Millionen Einwohner. In Schutzbauten, die einen Nuklearschlag überstehen würden, befanden sich 1500 Kommandoposten (42% des Plansolls), 102 Operationszentren, 2030

Sanitätsposten und 84551 Spitalbetten. Mehr als 70 Prozent des für den Schutz der Bevölkerung notwendigen Materials (Schutzmasken usw.) ist bereits verteilt.

Der Sollbestand des Zivilschutzes beträgt 520000 Personen (davon 20 000 Frauen) oder 8 Prozent der Gesamtbevölkerung. Dreihunderttausend Zivilschutzpflichtige wurden bisher ausgebildet (1 Million Diensttage pro Jahr). Der Zivilschutz, das sind aber auch 250 Bundesangestellte, 500 Instruktoren, 2000 ständige Beauftragte in der ganzen Schweiz sowie ein Spezialdienst, dem Inventar und Schutz der Hunderttausende von Kulturgütern des Landes übertragen sind (er verfügt über ein Jahresbudget von 2,5 Millionen Franken).

Nach der Reaktorkatastrophe von Tschernobyl und dem Brand in Schweizerhalle wurde die Bevölkerung nicht mit der wünschenswerten Genauigkeit und Schnelligkeit informiert: Wäre der Befehl zum Beziehen der Schutzräume notwendig geworden, hätte er die Bevölkerung nicht rechtzeitig erreicht. Und wie hätten jene Schutzräume bezogen werden sollen, die in Friedenszeiten – erlaubter- und unerlaubterweise – als Lager oder Abstellkammern dienen? Seit diesen beiden Katastrophen wird die Rolle des Zivilschutzes in Friedenszeiten überprüft.

1984 gab es erstmals rund 40 Zivilschutz-Dienstverweigerer, überwiegend Berner. Der schweizerische Zivilschutz ist zweifellos im eigenen Land umstrittener als im Ausland, und man wirft ihm vor, eine Katastrophenpsychose zu fördern. Der Nutzen der Unterstände im Fall eines nuklearen oder chemischen Kriegs wird angezweifelt, und das Thema ist Anlaß zu endlosen Diskussionen. Dennoch halten es die Schweizer in ihrer überwiegenden Mehrheit lieber mit der Ameise, die vorsorgt, als mit der Grille, die nur fiedelt.

Das Öl im Getriebe. Die Koordinierten Dienste spielen eine Rolle beim gemeinsamen Einsatz der militärischen und zivilen Infrastruktur in den verschiedensten Bereichen: Requisition und Zuteilung der Fahrzeuge, Maschinen und Pferde; Organisation der lebenswichtigen Transporte; Zuteilung der Lebensmittel; Versorgung mit Wasser und Elektrizität; Pflege von Kranken und Verletzten – unter Gleichbehandlung von Zivil- und Militärpersonen –; Verbindungen (Funk, Telefon, Telex); Schutz gegen Nuklear- und chemische Waffen; Strahlenalarm- und -meßsystem; geistlicher Beistand für die Angehörigen der verschiedenen Religionen.

Für die AC-Spezialisten, die verseuchtes Terrain untersuchen müssen, und für die besonders durch Atom- oder chemische Waffen bedrohten Truppeneinheiten beschafft die Armee neue, strapazierfähigere Schutzanzüge.

Überforderte Geheimdienstler. «Pscht! Pscht! Schweigt! Nehmt euch in acht! Feind hört mit! Die Spione sind überall. Fotografieren verboten!» Kein Zweifel: Geheimhaltung wird in der Schweizer Armee groß geschrieben. Innerhalb des EMD kämpft die einflußreiche Sektion für Geheimhaltung gegen Sorglosigkeit und läßt dabei keinen Papierkorb aus.

«Vertraulich», «Geheim», «Streng geheim»: Nur wenige militärische Dokumente sind nicht in irgendeiner Form geschützt. Schlaumeier wissen das zu nutzen – ein gewitzter Oberst: «Wenn ich will, daß meine Berichte gelesen werden, stufe ich sie als ‹geheim› ein, das klappt immer!»

Tatsächlich ist die Stellung der «Staatsschutzmaschinerie» in der verletzlichen Staatsform der Demokratie von größter Bedeutung. Ist sie zu mächtig, gefährdet sie selbst das demokratische System, das sie schützen soll: durch Hexenjagd, willkürliches Abhören von Telefongesprächen und andere Eingriffe in die Privatsphäre, die der Rechtsstaat verbietet. Mißbrauchen die Demokratieschützer ihre Macht, geht die Demokratie dabei zuschanden. Darum die schon rituelle Frage: «Wie viele Freiheiten darf man opfern, um die Freiheit zu sichern?»

Das Auge des Ostens. Sind auf der andern Seite die Staatsschutzorgane zu schwach, öffnen sie den wirklichen Feinden eines Systems Tür und Tor, das um so verletzlicher ist, je liberaler es zu sein versucht.

Doch woher droht denn dieser glücklichen, reichen Schweiz Gefahr? Die Frage ist nicht einfach zu beantworten, aber die Zahlen sprechen eine deutliche Sprache: Seit 1948 wurden rund 250 Fälle von Spionage aufgedeckt. Über 170 davon gingen aufs Konto von Agenten der Oststaaten (97 von 143 Fällen zwischen 1970 und 1985). Im September 1982, als dubiose polnische «Dissidenten» die polnische Botschaft in Bern stürmten und besetzten, ließ der Chef des Kommandos, ein Oberst Florian Kruszyk, dem Krisenstab des Bundesrats verschiedene Dokumente zukommen. Anhand dieses Materials entdeckte man, daß der polnische Militärattaché die schweizerischen Militärflugplätze akribisch ausspioniert hatte. Seine vermutlich mit Hilfe anderer Berner Ostdiplomaten verfaßten Berichte enthielten Informationen über die Windrichtungen, Zahl und Typen der stationierten Flugzeuge, Möglichkeiten für Sprengungen, die genauen Distanzen usw. Kurz: nachrichtendienstliche Präzisionsarbeit.

Der Bundesrat bestätigte 1984, daß die Spionage in der Schweiz eine «ständige Gefahr» darstelle: «Die Warschauer-Pakt-Staaten sind vor allem an Informationen über Industrie, Wirtschaft, Forschung und Spitzentechnologie interessiert.» Die in Bern, Genf und Zürich domizilierten Vertreter der Oststaaten werden auf rund tausend geschätzt (davon 400 UNO-Vertreter). Zu wiederholten Malen mußte festgestellt werden, daß amerikanische Technologien auf dem Umweg über die Schweiz in die Sowjetunion gelangten. Washington hat seither Maßnahmen ergriffen, um diese «Plünderung» zu begrenzen. Zwischen 1980 und 1985 hat die Bundesanwaltschaft 55 Spionagefälle aufgelistet, in die Vertreter der Oststaaten verwickelt waren; bei 38 davon ging es um Wirtschaftsspionage.

Dienste im Dunkeln. Für Staatssicherheit, Staatsschutz und den Kampf gegen Subversion sind die Bundesanwaltschaft und die Bundespolizei zuständig. Diese «Zivilen» arbeiten mit der Untergruppe Nachrichten und Abwehr des Generalstabs zusammen. Sie besteht im wesentlichen aus

– der Abteilung Abwehr (Vorbereitung der Spionageabwehr in Kriegszeiten, Geheimhaltung),

– der Abteilung Nachrichtendienst (Beschaffung militärischer Nachrichten im Ausland durch unsere Militärattachés),

– den Geheimdiensten; mit einem «Spezialdienst», der den aktiven Widerstand im Besetzungsfall vorzubereiten hat, und einem «Dienst für besondere Nachrichten» für die Beschaffung von Informationen in Risikobereichen. Nach 1980 wurden die beiden Dienste reorganisiert – streng geheim!

Die schweizerischen Nachrichtendienste haben verschiedene Pannen erlebt. 1975 wurde der Brigadier Jean-Louis Jeanmaire wegen Verratsverdachts absichtlich in die Büros des Geheimdiensts versetzt, damit man ihn besser enttarnen konnte. Der Generalstabsoffizier wurde in der Folge degradiert und zu 18 Jahren Zuchthaus wegen Spionage zugunsten der UdSSR verurteilt. Die Affäre war jedoch nie so sonnenklar, und die Geheimdienste erholten sich nur schwer von der gewollten, geplanten Präsenz eines «Verräters» in ihren Reihen.

1980 ertappten die Österreicher den Schweizer Agenten Kurt Schilling in flagranti beim Spionieren. Der «Spion aus dem Emmental» beobachtete für den Berner «Untergrund», als Tourist getarnt, die Manöver auf der Donau. Die Affäre führte zum Sturz Albert Bachmanns, der sich in sämtlichen schweizerischen Geheimdiensten getummelt hatte – sogar im Büro Hausammann, einem privaten Nachrichtendienst aus dem Zweiten Weltkrieg, der heute noch besteht – und zu einer allen geheimdienstlichen Regeln spottenden Machtfülle gelangt war.

Es ist natürlich nicht einfach, Dienste zu kritisieren, die ihre Erfolge geheimhalten; man spricht nur von ihnen, wenn etwas schiefläuft. Tatsache ist, daß sie der Materie, dem Terrorismus und den immer perfekteren Methoden der Agenten kaum mehr gewachsen sind.

Auf den letzten Seiten im Telefonbuch steht, wie man sich bei Alarm verhalten soll und um welche Art von Alarm es sich handelt. Die Sirenen heulen nämlich auf verschiedenste Weise, wenn es sich um einen «allgemeinen Alarm», einen «Strahlenalarm» oder einen «Wasseralarm» handelt. Im letzten Fall muß man das gefährdete Gebiet – etwa unterhalb von Talsperren – sofort verlassen. Bei Strahlenalarm – für die genaueren Informationen stellt man das Radio ein – ist sofort der nächstgelegene Schutzraum oder notfalls ein Keller aufzusuchen. Doch aufgepaßt: Eine Woche oder länger hält man es nur in einem ausgerüsteten Schutzraum mit genügend Lebensmitteln und Wasser aus. Genaue Anweisungen über Maßnahmen und Notproviant beim Schutzraumbezug finden sich ebenfalls im Zivilschutzmerkblatt des Telefonbuchs. Die Zivilschutzverantwortlichen vermeiden es, der Bevölkerung die verfügbaren Schutzraumplätze im voraus zuzuweisen, um Streitereien zwischen möglichen Nachbarn zu vermeiden.

Im Bild unten hört einer der Schutzraumbewohner Radio – im Ernstfall vermutlich die einzige Verbindung zur Außenwelt, zumindest solange noch jemand auf Sendung ist …

Im Kriegsfall wird die Bevölkerung um so mehr auf Nachrichten angewiesen sein, weil Falschmeldungen zu den gängigen Beeinflussungsmethoden des Feindes gehören dürften. Die Journalisten der Abteilung Presse und Funkspruch (APF) üben die Information im Krisenfall.

Oben von links nach rechts: Mobiles Fernseh-Sendestudio, in einem Armeebus eingerichtet.

Der Journalist Beat Hurni beim Aufzeichnen des Tageskommentars.

Requirierte Sende- und Übermittlungswagen des Schweizer Fernsehens.

Großes Bild: Sitzung der Fernsehredaktion. Um das Vertrauen der Bevölkerung zu gewinnen, setzt der Bundesrat, dem die APF untersteht, auf das Können professioneller Medienleute, die in der Öffentlichkeit bekannt sind. Sie treten in Aktion, sobald die zivilen Medien nicht mehr funktionsfähig sind, und ihre Präsenz an Bildschirm und Radio wäre ein gewisser Schutz gegen Desinformation und Unruhe in der Bevölkerung.

Rechts außen: Das zuverlässigste Informationsmittel im Kriegsfall wird zweifellos das Radio sein – beweglich, schnell und mit bescheidenen technischen Mitteln voll funktionsfähig. Oben das Aufnahmestudio, unten die einfache Sendeanlage auf dem Dach eines Radio-Sendewagens.

INFO SUISSE

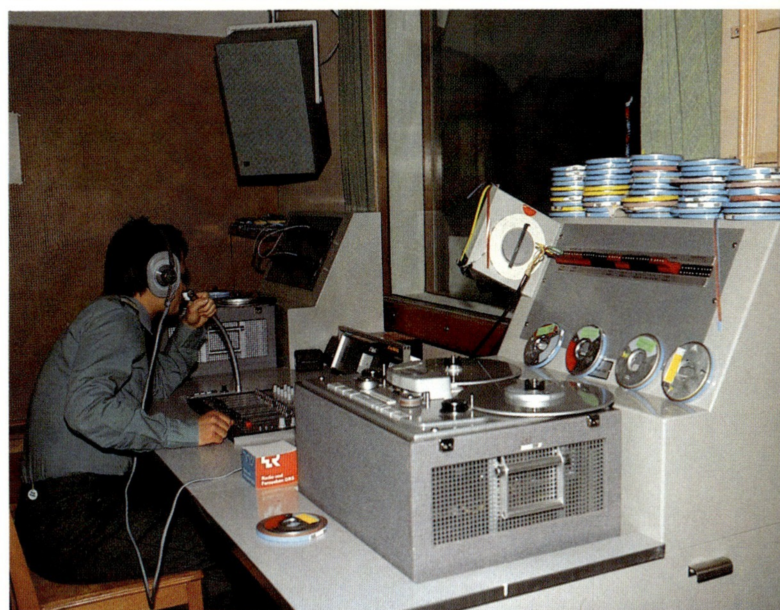

Die APF verfügt auch über Teams von Zeitungsredaktoren für die Herausgabe einer Tageszeitung in Deutsch, Französisch und Italienisch oder für das Redigieren von Aufrufen und Plakaten. Die Herstellung erfolgt mit modernen Fotosatzanlagen, Druck- und Ausrüstmaschinen. Und für alle Fälle hält man auch die Bleisetzerei und die alten Buchdruckmaschinen in Schuß.

Heften

Die Kommission für militärische Landesverteidigung (KML) ist gewissermaßen der Kopf der Armee: Die Kommission, in der die leitenden Offiziere der Armee vertreten sind, berät den Vorsteher des Eidgenössischen Militärdepartements (in der Bildmitte der EMD-Chef bis 1986, Jean-Pascal Delamuraz). Hier werden die Beschlüsse vorbereitet, die dann dem Bundesrat und dem Parlament zur Entscheidung unterbreitet werden. Die KML muß aber auch künftige Bedrohungen und die langfristigen Ziele und Bedürfnisse der Armee voraussehen. Sie muß die Prinzipien und großen strategischen Linien festlegen. Eine Armee schafft man nicht von heute auf morgen: Vom Entscheid für die Beschaffung einer Waffe bis zur Abgabe an die Truppe zum Beispiel dauert es im allgemeinen mindestens zehn Jahre.

Die Allgemeine Mobilmachung für den Ernstfall übt die Truppe regelmäßig in sogenannten KMob-Übungen. Die Bilder zeigen Phasen des kriegsmäßigen Einrückens:

Die Soldaten treffen im Bahnhof des Mobilmachungsplatzes ein.

Der Hauptmann erklärt seinen Mitarbeitern den genauen Besammlungsort der Kompanie.

Einige Wehrmänner sind früher aufgeboten worden. Sie haben das Korpsmaterial aus dem Zeughaus herangeschafft; jetzt weisen sie die einzeln einrückenden Soldaten ein und bewachen den Sammelplatz, eine requirierte Garage: Die Infiltration von feindlichen Agenten muß in einer derart heiklen Phase unbedingt verhindert werden ...

... und deshalb wird die Kompaniezugehörigkeit jedes einzelnen Wehrmanns überprüft. Dann erst wird auch ihm eine Aufgabe zugewiesen.

Garant der Verteidigung: die Armee

Um die «Wahrung des Friedens in Unabhängigkeit» und die «Wahrung der Handlungsfreiheit», zwei nationale Grundprinzipien, garantieren zu können, befindet sich die Schweiz in einer Art permanentem «Vorkriegszustand». Dabei ist die Armee der bewaffnete Arm der helvetischen Gesamtverteidigung. Er ist gut gewappnet und trainiert, wird aber nur zuschlagen, wenn es absolut notwendig ist. Denn die Schweiz hat mit dem Prinzip der bewaffneten Neutralität feierlich auf Provokationen und Aggressionen gegenüber andern Ländern verzichtet. Die Schweizer Armee ist eine reine Verteidigungswaffe.

Die Aufgaben der Armee

1. Kriegsverhinderung. In Friedenszeiten muß die Armee potentielle Angreifer durch Abschreckung – Dissuasion genannt – von jeder Verletzung des nationalen Territoriums abhalten. Ihre Schlagkraft und Kampfbereitschaft müssen glaubwürdig genug sein, damit für den Gegner jede Invasion zu riskant, zu teuer wäre und er von solchen Überlegungen abläßt.

Die Kosten der Landesverteidigung oder den Wert der bereits erworbenen Waffen herunterzuspielen (es ist eine ständige Tendenz mancher Militärs, darüber zu jammern, um mehr zu erhalten), läuft diesem Dissuasionsauftrag zuwider. Die Glaubwürdigkeit der Armee im Ausland wird dadurch beeinträchtigt. Die verschiedentlich geäußerten Zweifel an der Effizienz der schweizerischen Bewaffnung bewirken dasselbe; sie stammen übrigens sowohl von Vertretern einer «starken Armee» wie von Armeegegnern.

2. Neutralitätsschutz. Die Armee tritt jeder Grenzverletzung mit allen angemessenen Mitteln entgegen, zu Land und in der Luft. Auf einen Angriff antwortet die Schweiz mit dem Gegenangriff. Sie wird nicht müde, dies zu wiederholen, um ihre Neutralität im Ausland glaubhaft zu machen. Doch eine angegriffene Schweiz wird nicht mehr so neutral sein: «Die Feinde unserer Feinde sind unsere Freunde.»

3. Kriegführung. Im Angriffsfall das schweizerische Staatsgebiet von der Grenze weg zu verteidigen, ist die Hauptaufgabe der Armee, um dem Gegner das Erreichen seiner wichtigen Angriffsziele zu verwehren und zumindest einen Teil des Landes unter schweizerischer Hoheit zu bewahren.

Die Truppen werden also nicht mehr in die Alpenfestungen, ins nationale Reduit, zurückgezogen. Trotz der großen Schwierigkeiten wird die Armee den Kampf selbst in den Grenzregionen wie Basel-Stadt, Genf, Schaffhausen, dem Sottoceneri, der Ajoie führen. Allerdings wird man sich zwar für Städte wie Basel oder Genf schlagen, doch den Kampf nicht unbedingt in diesen Städten führen...

4. Hilfeleistung an die zivilen Behörden und die Bevölkerung. Militärische Hilfe an die zivilen Behörden wird geleistet, wenn deren Mittel für die Erfüllung ihrer Aufgaben nicht mehr ausreichen. Es werden ihnen geeignete Truppenverbände und weitere Mittel zur Verfügung gestellt. Verantwortlich für die Bevölkerung bleiben die zivilen Behörden.

Die militärische Führung schätzt solche Einsätze nicht besonders, die gemäß Reglement nur erfüllt werden können, wenn die Lage und die andern Aufgaben der Armee es erlauben. Sie befürchten nicht zuletzt, daß der eigentliche Auftrag, die Landesverteidigung, durch solche zivilen Aufgaben beeinträchtigt werden könnte.

Reinigung von verschmutzten Wasserläufen, Abbrüche, Rettungen bei Lawinenunglücken und schnelle Hilfe bei andern Naturkatastrophen – etwa den Überschwemmungen im Sommer 1987 – gehören zu den relativ wenigen Einsätzen, die die Armee für die Zivilbevölkerung leistet, die jedoch motivierend auf die Truppe wirken und ihren Sympathiebonus bei der Bevölkerung erhöht. Manche möchten deshalb diesen Trumpf besser nutzen.

In erster Linie sind es natürlich die Luftschutztruppen (Ls), die den Auftrag zur Unterstützung der Zivilbehörden im Katastrophen- oder Kriegsfall haben. Bei dieser Hilfe wird der Luftschutz von den Genietruppen mit schweren Baumaschinen unterstützt.

5. Ordnungsdienst im Innern. Auf Verlangen der Kantone oder wenn der Bundesrat es als notwendig erachtet, kann er Truppen aufbieten lassen. Die Übernahme solcher Aufgaben durch die Truppe ist nur bei massiven Aktionen gegen die verfassungsmäßige Ordnung vorgesehen, denn Wehrmänner sind keine Polizisten und auch nicht dafür ausgebildet.

Die Ordnung im Innern

Der Bund ist berechtigt, für die Aufrechterhaltung von Ruhe und Ordnung Truppen aufzubieten. Dieser Auftrag ist einer der Gründe für die Vorbehalte der helvetischen Linken gegenüber der Armee und wurzelt in bitteren Erfahrungen.

Bei 50 der rund 85 größeren Ordnungseinsätze der Truppe seit 1856 (Niederschlagung des propreußischen Royalistenputsches im Neuenburger Handel) ging es darum, Demonstrationen oder Streiks von Arbeitern, Gewerkschaftern, Sozialisten und Kommunisten zu verhindern oder mehr oder weniger gewaltsam zu beenden. Dazu müssen noch acht Einsätze gegen antifaschistische Manifestationen gezählt werden.

Nur wenige der großen schweizerischen Tunnels konnten ohne Truppenaufgebote gegen streikende Mineure gebaut werden. Am Gotthard erschoß das Militär 1875 vier Arbeiter. Zweimal, 1899 und 1901, griff die Truppe beim Bau des Simplontunnels ein, einmal beim Ricken (SG), 1904, und einmal, 1913, beim Tunnel zwischen Moutier und Granges.

Zwischen 1898 und 1915 wurde die Truppe fast jedes Jahr zu ein bis zwei Ordnungsdiensten aufgeboten, im Ersten Weltkrieg hingegen allein 1917 viermal und 1918 gar neunmal.

Der Landes-Generalstreik. *Die wirtschaftliche und politische Unzufriedenheit der Arbeiterschaft gegen Ende des Ersten Weltkriegs – ihre Forderungen wurden vom Bürgerblock ständig abgelehnt – führt dazu, daß das Oltener Aktionskomitee unter Führung von Robert Grimm am 7. November 1918 für den 9. November einen Landes-Generalstreik beschließt. Dies zweifellos auch unter dem Eindruck der Streiks und Revolutionen in Deutschland und Rußland (Grimm hatte kurz zuvor in Rußland Lenin besucht, der ja bis April 1917 im Schweizer Exil gelebt hatte).*

Vom Generalstreik sind neunzehn Schweizer Städte besonders betroffen. Im bereits von Truppen besetzten Zürich streiken sogar die Bankangestellten. Am 10. November schießt hier das Militär: vier Zivilisten werden verletzt, ein Soldat getötet. Am 11. beginnt der eigentliche Landesstreik, und am 12. beschließt die zu einer außerordentlichen Sitzung zusammengetretene Bundesversammlung die Ausweisung der sowjetischen Mission, die erst im Mai desselben Jahres eingetroffen war. Am 14. schießt die Truppe in Grenchen: drei Tote. Um Mitternacht bricht das Oltener Komitee, auf das bedingungslose Ultimatum des Bundesrats hin, den Landesstreik ab. Beim Prozeß gegen 21 Vertreter des Komitees im März/April 1919 werden 17 Angeklagte freigesprochen und 4 zu Freiheitsstrafen bis sechs Monaten verurteilt. Am meisten Todesopfer hatte während des Generalstreiks-Ordnungsdiensts die spanische Grippe gefordert, die in der Truppe wütete.

1919 unterdrückt die Truppe Streikbewegungen in Basel (5 Tote) und Zürich (1 Toter).

Das Drama in Genf. *Während der Krisenzeit in den dreißiger Jahren wird die Armee erneut gegen Schweizer Bürger eingesetzt. Im November 1932 demonstrieren die Genfer Sozialdemokraten und Pazifisten gegen eine Versammlung der rechtsradikalen Union nationale. Der Zulauf ist groß, Genf hat damals rund 7000 Arbeitslose. Drei Züge einer auf Antrag des Genfer Staatsrats aufgebotenen Infanterierekrutenkompanie in der siebten Ausbildungswoche stehen den demonstrierenden Arbeitern gegenüber. Die Rekruten verlieren die Nerven und eröffnen das Feuer. Die dramatische Bilanz: 13 Tote und über 80 Verletzte – die größte Tragödie seit der Schaffung der eidgenössischen Armee. (Der Einsatz von Rekruten im Ordnungsdienst ist seither verboten.)*

Das Gespenst von Kaiseraugst. *Gewisse politische Kreise fordern seit langem vergeblich die Aufhebung des Ordnungsdiensts. Und die Militärs legen Wert auf die Feststellung, daß sie für Bewachungsaufgaben und für den Schutz der Bevölkerung in einem indirekten Krieg ausgebildet sind, aber nicht für Polizeiaufgaben wie in Genf 1932. «Das war eine politische Entscheidung, das hat nicht die Armee zu verantworten!»*

Könnten Truppen eingesetzt werden, um so umstrittene Projekte wie das Kernkraftwerk Kaiseraugst oder den Waffenplatz Rothenthurm zu verwirklichen? Das ist zumindest wahrscheinlich! Ende 1986 lehnte der Nationalrat mit 87 gegen 45 Stimmen die parlamentarische Initiative des Aargauer Sozialdemokraten Max Chopard ab, mit der dieser «jeden Einsatz der Armee gegen demokratische Demonstrationen von Bürgern» zu verhindern suchte. Damit bestätigte die Volkskammer den Ordnungsdienst der Armee, ja sie forderte sogar von der militärischen Führung, diesen Dienst den neuen Bedrohungsformen anzupassen: Terrorismus, Sabotage, Geiselnahme. Die Abgeordneten wollten «die einzige Möglichkeit offizieller Gewalt» nicht ihrer Legitimität berauben. Die Armee bleibt also «Garant der demokratischen Ordnung».

Die Linke läßt dabei keine Gelegenheit aus, an den fatalen Einsatz von Truppen gegen Streikende und Manifestanten in den ersten drei Jahrzehnten unseres Jahrhunderts zu erinnern, auf die wir nachfolgend zurückkommen. In Zukunft könnte das Anwachsen des internationalen Terrorismus die Armee den vermehrten Umgang mit Stacheldraht lehren. Es steht praktisch fest, daß die Armee für solche Aufgaben eingesetzt werden kann. 1987 wurde beschlossen, den – bereits durch Truppen besorgten – Schutz der Flughäfen Kloten und Cointrin künftig besonders ausgebildeten und organisierten Einheiten anzuvertrauen. Ist's der erste Schritt zum Ordnungsdienst auf Dauer?

Wie funktioniert die Armee?

Die Schweizer Armee verfügt heute – abgesehen vom Überwachungsgeschwader (UeG) – über keine ständigen Truppenformationen, sondern besteht aus wehrpflichtigen Bürgern zwischen 20 und 50 Jahren, die regelmäßig Militärdienst leisten. Da sich in diesem Milizsystem die Kurse der einzelnen Einheiten über das ganze Jahr verteilt ablösen, stehen in der Schweiz ständig etwa 10 000 Mann unter den Fahnen. Außer vielleicht an gewissen Wochenenden und während der Weihnachts- und Neujahrsfeiertage. Könnte ausgerechnet die Festfreude sich als Achillesferse der schweizerischen Landesverteidigung erweisen?

Wer befiehlt?

In Friedenszeiten. Der Vorsteher des EMD als Vertreter des Bundesrats, beraten vom Leitungsstab und den Mitgliedern der Kommission für militärische Landesverteidigung (KML), in welcher der Generalstabschef, der Ausbildungschef, die Korpskommandanten, der Kommandant der Flieger- und Fliegerabwehrtruppen sowie der Chef der Gruppe für Rüstungsdienste vertreten sind. Gemeinsam setzen sie die Prioritäten bei der Rüstungs- und Materialbeschaffung und bei den Bauvorhaben. Der Bundesrat unterbreitet anschließend Projekte, Budgets und Anträge dem Parlament.

Im Nationalrat wie im Ständerat bestehen Militärkommissionen, die die Vorlagen prüfen und sie zuhanden des Plenums kommentieren.

Im Aktivdienst. Sobald ein größeres Truppenaufgebot zum Schutz der Neutralität und Unabhängigkeit bevorsteht oder angeordnet wird, wählt die Bundesversammlung den General. Nach Anhören des Generals wählt der Bundesrat den Generalstabschef und den Generaladjutanten. Der General führt den Oberbefehl über das Heer. Im Krieg verfügt er über alle zur Erfüllung seines Auftrags notwendigen personellen und materiellen Streitmittel des Landes nach freiem Ermessen.

Der Bundesrat ist auch nach der Wahl des Generals die oberste vollziehende und leitende Behörde. Er bestimmt die vom Heer zu erfüllenden Aufgaben.

Zu bedenken ist dabei, daß der «Oberbefehlshaber in Friedenszeiten», der EMD-Chef, relativ häufig wechselt, während die Berufsmilitärs und Beamten des Führungsgremiums länger bleiben. Deshalb wird der Stellung der höheren Offiziere an der Spitze der Armee, im Leitungsstab und in der Kommission für militärische Landesverteidigung besonderes Gewicht zugemessen: Sie sollten die wichtigsten Strömungen im Volk – die großen Parteien, die Sprachregionen, die Religionen usw. – angemessen repräsentieren. In Wirklichkeit ist es allerdings so, daß die Linke praktisch nie einen Vertreter in der Armeespitze hat. An der Spitze des Leitungsstabs steht der Vorsteher des Militärdepartements, also einer der sieben Bundesräte. Weiter gehören dazu: der Generalstabschef, der Ausbildungschef, der Chef der Gruppe für Rüstungsdienste und der Vorsteher der Militärverwaltung. Der Kommandant der Flieger- und Fliegerabwehrtruppen und der Vorsteher der Zentralstelle für Gesamtverteidigung nehmen an den Sitzungen teil, wenn Fragen ihres Zuständigkeitsbereichs berührt werden. Die Kommission für militärische Landesverteidigung (KML) besteht aus den Mitgliedern des Leitungsstabs und zusätzlich den vier Korpskommandanten. Die Kommission stimmt über wichtige Vorhaben ab, die oft bereits vom Leitungsstab beraten wurden.

Leitungsstab und KLM haben großen Einfluß auf die Entscheidungen. Auf dem Papier begnügen sie sich damit, den Chef des EMD zu beraten, der dann, gegebenenfalls zusammen mit seinen Bundesratskollegen, entscheidet ... In Wirklichkeit kommt es allerdings kaum vor, daß sich der EMD-Vorsteher den Empfehlungen der professionellen Militärs widersetzt.

Dennoch: Das letzte Wort hat das Parlament, und damit sind in Friedenszeiten mehrere demokratische «Sicherungen» eingebaut.

Die Ordre de bataille der Schweizer Armee

Die Schweizer Armee besteht aus 3 Feldarmeekorps (FAK 1, 2 und 4) und dem Gebirgsarmeekorps (Geb AK, früher 3. AK) sowie den Flieger- und Fliegerabwehrtruppen.

Truppenbestand pro	
– Armeekorps	110 000 bis 120 000 Mann
– Division	15 000 bis 20 000
– Territorialzone	15 000 bis 50 000
– Brigade	6 000 bis 12 000
– Regiment	3 000 bis 3 400
– Bataillon oder Abteilung	600 bis 800
– Kompanie oder Batterie	100 bis 200

Die meisten schweizerischen Truppenkörper (Regiment, Bataillon, Kompanie) sind in drei Kampfelemente, ein Feuer- oder Unterstützungselement und ein Stabselement unterteilt.

Hier als Beispiel die Gliederung eines Feldarmeekorps. Es besteht aus:
- 2 Felddivisionen
- 1 Mechanisierten Division
- 2 oder 3 Grenzbrigaden
- 1 Territorialzone

sowie den Armeekorpstruppen:
1 Infanterie-, 1 Radfahrer- und 1 Genieregiment, 1 Armeekorpsregiment (bestehend aus 1 Stabsbataillon, 2 Leichtfliegerformationen, 1 Übermittlungskompanie, 1 Straßenpolizeibataillon, 1 Baustab) und 1 Panzerabwehrlenkwaffenkompanie.

Die Feldarmeekorps haben den Auftrag, das feindliche Vorrücken im Jura, im Mittelland und in den Voralpen zu verhindern und mit den mechanisierten Verbänden Gegenschläge zu führen.

Das Gebirgsarmeekorps besteht aus
- 3 Gebirgsdivisionen
- 9 Grenz-, Festungs- oder Reduitbrigaden
- 3 Territorialzonen

sowie den Armeekorpstruppen:
1 Gebirgsinfanterieregiment, mehrere selbständige Gebirgsfüsilier- und -schützenbataillone, 1 Genieregiment, 1 Übermittlungsregiment, 1 Stabsbataillon, 2 Trainabteilungen, 1 Straßenpolizeibataillon, 2 Leichtfliegerformationen sowie 2 Baustäbe.

Es hat den Auftrag, die Alpen so lange wie möglich zu halten, Luftlandetruppen zu bekämpfen und den Feldarmeekorps Rücken und Flanken zu sichern.

Felddivisionen gliedern sich in je
- 1 Stabsbataillon
- 3 Infanterieregimenter mit je über 3000 Mann (aufgeteilt in je 3 Füsilierbataillone und 1 Infanteriebataillon)
- 2 Panzerbataillone
- 1 Artillerieregiment (bestehend aus 2 Panzerhaubitzenabteilungen und Schweren Kanonenabteilungen) sowie
- 1 Geniebataillon,
- 1 mobile leichte Fliegerabwehrabteilung,
- 1 Übermittlungsabteilung,
- 1 Panzerabwehrlenkwaffenkompanie und

1 Baustab.

Die 11 Grenzbrigaden, die 3 Festungsbrigaden und die 3 Reduitbrigaden haben Sperraufträge und riegeln bestimmte Durchgänge ab.

Die 6 Territorialzonen, die den Armeekorps unterstellt sind, bilden die Verbindung zwischen Heer und Zivilbevölkerung. Sie haben vielfältige Aufgaben und unterstützen die kämpfende Truppe bei der Erfüllung ihres Auftrags, indem sie beispielsweise den Unterstützungs- und Sanitätstruppen zahlreiche Einrichtungen zur Verfügung stellen. In Abstimmung mit den Zivilbehörden bestimmen sie die Vorkehrungen für den Schutz lebenswichtiger ziviler Anlagen, für die Flüchtlingshilfe, für die Verstärkung des Zivilschutzes.

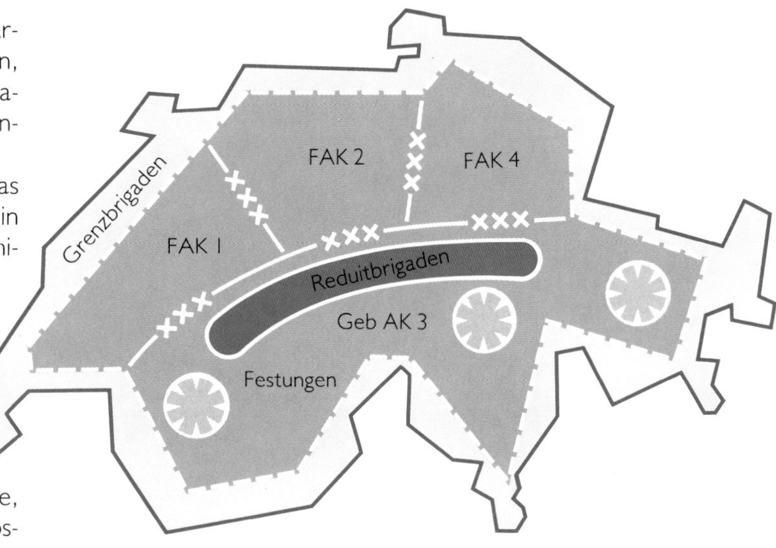

Wo steht der Feind?

Der Afghanistankrieg verleiht einer Armee, die ihre Berge zu nutzen weiß, neue Glaubwürdigkeit. Die gewaltige Überlegenheit der sowjetischen Bewaffnung über die vorsintflutlichen Gewehre der afghanischen Widerstandskämpfer ändert nichts an diesem Prinzip, sowenig wie am Ausgang dieser Aggression. Die Schweizer haben schon seit langem Lehren aus den Kriegen dieser Welt gezogen, wenn auch manchmal mit Verspätung. Doch 1957, weniger als ein Jahr, nachdem die sowjetischen Panzer Budapest überrollten, kaufen sie für die Infanterie Raketenrohre.

Seit dem sowjetischen Einmarsch in Prag, 1968, und vor allem seit dem Yom-Kippur-Krieg, im Oktober 1973, fordern die Militärs Panzer und eine ständige Interventionstruppe, um gegen jede Überraschung gewappnet zu sein, die Reaktionszeit zu verkürzen und eine allfällige Mobilmachung zu sichern.

Generalstabschef Eugen Lüthy lanciert 1985 die Idee eines helitransportierten Elitebataillons, das mit 80 Alouette-III-Helikoptern ausgerüstet und in der Nähe der internationalen Flughäfen Kloten und Cointrin stationiert wäre. Es würde aus rund zweitausend Freiwilligen bestehen, die ihre sämtlichen WKs in einem Jahr absolvieren würden. Diese Stoßtruppe müßte die verletzlichen Punkte des Landes gegen überraschende Angriffe schützen, beispielsweise gegen Luftlandetruppen oder Terroristen.

An Kritik fehlte es nicht: Der Vorschlag Lüthys verletze das sakrosankte Milizsystem und sei nichts anderes als eine verkappte Bundespolizei.

Der nukleare Krieg. Kann man noch vom konventionellen Krieg sprechen, wenn die Großmächte bereits im Weltall rüsten? Die Schweizer Militärtheoretiker glauben das. Wenn die beiden Großen sich eines Tages mit ihren Weltraumschilden gegen die Raketen des Gegners schützen können, wird der klassische Krieg wieder an Bedeutung gewinnen.

Doch was halten unsere Strategen von diesem «Krieg der Sterne», der vermutlich im Westen wie im Osten vorbereitet wird? Zuerst einmal, daß sich unsere Industrie daran beteiligen sollte. Dann, wie der ehemalige Generalstabschef Jörg Zumstein erklärt: «Nuklearwaffen können heute nicht mehr eingesetzt werden, denn die Gefahr von Vergeltungsmaßnahmen ist zu groß. Die amerikanische Initiative für strategische Verteidigung, Strategic Defense Initiative oder kurz SDI genannt, ermöglicht einen Ausweg aus dieser Sackgasse. Doch sind die Amerikaner einmal unter ihrem Verteidigungsschirm, besteht die Möglichkeit, daß sie Westeuropa seinem Schicksal überlassen. In dieser Beziehung könnte SDI destabilisierend wirken.»

Ein möglicher Feind der Schweiz dürfte Atomwaffen besitzen. Doch das Vorhandensein von 50 000 Nuklearsprengköpfen bei den Großen beunruhigt weniger als das Ungleichgewicht der beiden Potentiale. Und da besteht für Bern kein Zweifel, daß Moskau den Löwenanteil hält. Der Bundesrat: «Nur eine allgemeine, ausgewogene und kontrollierte Abrüstung kann Entspannung schaffen.»

Weder Frieden noch Atomwaffen. Die Schweizer Militärpolitiker halten weder den totalen Atomkrieg noch den endgültigen Weltfrieden für wahrscheinlich. Wenn Georges-André Chevallaz in einem Augenblick des Zweifels zugibt, daß wir «am Rand betroffen werden oder einige punktuelle Schläge erleiden könnten», fügt er sofort bei: «Das nukleare Arsenal einzusetzen käme dem kollektiven Selbstmord gleich. Ich glaube wirklich, daß der totale Atomkrieg eine rein theoretische Vorstellung ist.» Jean-Pascal Delamuraz unterstreicht sogar den Vorteil einer Schweizer Armee ohne Nuklear- und chemische Waffen: «In dieser Beziehung besteht keine Provokationsgefahr.» Mit andern Worten: Wenn die Schweizer Armee Atombomben hätte, könnte sie nicht mehr behaupten, sie bedrohe niemanden.

Bei zwei Abstimmungen haben sich die Schweizer geweigert, den Einsatz von Atomwaffen definitiv zu verbieten. Man weiß ja nie... Dennoch hat der Bundesrat 1977, zusammen mit 110 andern Staaten, das Abkommen über die Nichtweiterverbreitung von Nuklearwaffen (Non-Proliferation Treaty) unterzeichnet. Damit verpflichtete sich die Schweiz, keine Atomwaffen zu erwerben oder anzufertigen und ihre Kernkraftwerke durch internationale Kontrollorgane überwachen zu lassen. Trotzdem war Bern vom Nonproliferationsvertrag nie begeistert. Man findet, er behindere in übertriebenem Maß den Export schweizerischen Nuklearmaterials. Vor allem aber stelle er eine nicht zu rechtfertigende Anerkennung der Ungleichheit zwischen den Atommächten und den atomaren Habenichtsen dar. Die erbittertsten Gegner des Vertrags sind die Militärs.

Eine Schweizer Bombe? Wäre die Schweiz in der Lage – beispielsweise dank der Plutoniumreserven im Institut für Reaktorforschung in Würenlingen –, in vierzehn Tagen eine eigene Atombombe zu fabrizieren? Der Physiker André Gsponer ist davon überzeugt. Andere, offiziellere Spezialisten reden von einem Zeitraum von zwei Monaten. Der ehemalige Generalstabschef Jörg Zumstein wiederum schwört, er selbst habe «nie auch nur eine Minute mit der Erörterung dieser Eventualität verloren»: «Eine nukleare Bewaffnung wäre für einen Kleinstaat wie die Schweiz Unsinn. Denn sie würde alle verfügbaren Mittel finanzieller wie personeller Art verschlingen. In einem solchen Fall könnten wir unseren konventionellen militärischen Verpflichtungen nicht mehr genügen.»

Hat die Schweiz Angst vor der Neutronenbombe, dieser «sauberen Miniaturversion» der Wasserstoffbombe, die auf dem konventionellen Schlachtfeld auftauchen könnte? Da Neutronenwaffen durch die Panzerung hindurch wirken, könnten Panzerbesatzungen kampfunfähig sein, bevor sie die erste Granate abgefeuert hätten. Doch unsere Militärs sind überzeugt, der punktuellen Wirkung solcher Waffen durch entsprechende Tiefenstaffelung der gepanzerten Formationen ausweichen zu können. Infanterie wiederum ist durch Neutronenwaffen nicht wesentlich stärker gefährdet als durch konventionelle Waffen... sofern die Soldaten rechtzeitig in Erdlöchern Deckung finden. Tatsächlich glauben die Schweizer Militärs, daß die Neutronenwaffe das westliche Lager gegenüber dem Osten stärkt. Käme sie deshalb in Zukunft für die Schweiz in Frage? «Nein! Im Fall einer nuklearen Eskalation hätte ein kleines Land wie wir nie die Mittel, mitzuhalten und ein zweites Mal zuzuschlagen...»

Der Feind ist rot. Wie sieht der Schweizer Soldat den Feind? Schlau ist der anscheinend nicht gerade. Geht doch keine Übung in der Schweizer Armee zu Ende, ohne daß eine forsche Stimme meldet: «Hauptmann, Feind vernichtet!»

Für die Führung, die es vermeidet, direkt von den Truppen des Warschauer Pakts zu sprechen, ist der Feind rot. Denn die Schweizer, Westeuropäer und Kapitalisten, wissen natürlich genau, in welches Lager sie gehören. Die einzige militärische Bedrohung, die sie in diesem ausgehenden 20. Jahrhundert erkennen können, geht für sie eindeutig von der Sowjetunion aus. Doch pscht... wir sind neutral!

Pragmatisch, wie Schweizer sind, gleichen sie ihre Kaliber in aller Stille jenen der Nato an, während sie lauthals ihre nationale Unabhängigkeit beschwören, wie jener EMD-Chef: «Wir wollen, daß bei uns die Kirche im Dorf bleibt, wir wollen unsere politische Vielfalt verteidigen, unserem Lebensstil und dieser Regierungsform treu bleiben, dieser Koalition von Eigenart und Widerstand, die die Schweiz geformt hat.»

Bedrohliche Technik. Angesichts oder besser trotz der atemberaubenden Entwicklung der Rüstungstechnologie kauft die Schweiz Waffensysteme, die mindestens während zwanzig Jahren im Einsatz stehen müssen. Waffen zur Bekämpfung eines konventionellen, aber modern gerüsteten Gegners: mit Panzerformationen auf den großen Einfallsachsen, mit gepanzerten Kampfhelikoptern, bewaffnet mit Raketen und rumpfunterseitigen Maschinengewehren, mit Tausenden von tarnfarbenen Personenminen, Splitter- oder Brandbomben, mit chemischen Kampfstoffen.

Angesichts dieses Porträts des möglichen Gegners, das wie zufällig mit jenem der Roten Armee in Afghanistan übereinstimmt, fordern gewisse Offiziere, die Feuerkraft der Füsiliere gegenüber Helikoptern zu verstärken oder die Infanteriezüge mit Flabwaffen auszurüsten. Da jedoch die Beschaffung von Waffensystemen in der Schweiz mehrere Jahre dauert, kauft die Armee heute Panzer und Panzerabwehrlenkwaffen: Sie zieht noch immer ihre Lehren aus den israelischen Kriegen.

Gifte und Bakterien. Im Konfliktfall wird sich der Gegner nicht mit konventionellen Kampfmitteln begnügen. Um das Bild des Boxers zu nehmen: Er wird auch Tiefschläge und andere verbotene Tricks anwenden. Grenzen des Schreckens wird es nicht geben. Man muß annehmen, daß der Feind auch chemische und bakteriologische Waffen einsetzen wird. Und deshalb kann die Verteidigung nur mit entsprechenden Schutzmaßnahmen seriös vorbereitet werden.

Laut unsern helvetischen Strategen ist der Einsatz von chemischen oder C-Waffen um so wahrscheinlicher, als sie im Gegensatz zu Nuklearwaffen einfach und billig herzustellen sind: C-Waffen kann sich jeder Staat leisten. Die Lager an chemischen Kampfstoffen sollen gewaltig sein, in den Armeen des Warschauer Pakts soll laut Nato der Einsatz dieser Gifte geübt werden, und sie sollen auch bereits über die notwendige Ausrüstung für die Lancierung der Gase über

Hier gewinnt das Grauen des Krieges bereits wieder komische Züge...

große Distanzen verfügen (Trägerwaffen, Raketen, Granaten). Die Katastrophe von Tschernobyl hat ja die Effizienz und unglaubliche Reichweite einer (nuklearen oder chemischen) Giftwolke zur Genüge demonstriert.

Die Schweiz versichert, weder C-Waffen zu besitzen noch herzustellen (obwohl sie angesichts ihrer großen chemischen Industrie dazu ohne weiteres in der Lage wäre). Der Bund hat bereits 1932 das erste Genfer Protokoll über ein Verbot von Giftgasen und bakteriologischen Waffen ratifiziert. Mit bakteriologischen oder B-Waffen kann der Gegner mit Viren, Bakterien oder andern Mikroorganismen infiziert werden. Denkbar ist die Verseuchung mit Milzbrand, Pest oder allen möglichen ansteckenden Krankheiten.

Die Amerikaner haben seinerzeit Vietnam verwüstet, indem sie die Kampfgebiete mit Tausenden von Tonnen Herbiziden, Entlaubungsmitteln und Napalm bombardierten. Die Sowjets setzen in Afghanistan den sogenannten «gelben Regen» ein: Dabei handelt es sich um Trichothecene oder T2-Gifte, die von Fusariumpilzen erzeugt werden (wichtigen Erregern von Pflanzenkrankheiten: trichothecen- oder zerealnon-verseuchtes Getreide ist in Europa für die meisten Tiervergiftungen mit Futtermitteln verantwortlich). Die in der UdSSR synthetisch hergestellten Pilzgifte haben eine Lebensdauer von mehreren Tagen, verseuchen Wasser und Vegetation und verursachen tödliche Blutungen.

Die Schweiz hat sich zwar international verpflichtet, nie solche Waffen einzusetzen. Das hindert sie aber nicht daran, Schutzmaßnahmen und Gegenmittel vorzusehen. Über das ganze Territorium verteilte AC-Spezialisten hätten im Ernstfall den Auftrag, atomare oder chemische Verseuchungen aufzuspüren und zu melden. Schutzkleider, -masken und Antidote (Gegengifte) würden rechtzeitig an die Bevölkerung abgegeben. Die Sanitätsdienste wiederum sind auf den Einsatz gegen bakteriologische Waffen vorbereitet. Doch kann man gegen die Hölle kämpfen?

Ein allgegenwärtiges Auge. Ein Kampfflugzeug, das auf dem Territorium der Warschauer-Pakt-Staaten startet, befindet sich nach acht bis zwölf Minuten im schweizerischen Luftraum, und das bei jedem Wetter. Unsere Fliegerabwehr muß ihre Abwehrmaßnahmen auf diesen Zeitraum ausrichten. Mehr Zeit bleibt ihr nicht, die Verteidigung zu organisieren... wahrscheinlich eher weniger!

Und dann gibt es heute Raketen und Satelliten. Spionagesatelliten sind ein äußerst beunruhigendes Kind moderner Technologie: Sie sehen alles. Selbst ein eingegrabener Kommandoposten ist aufgrund der Wärmeabstrahlung schnell aufgespürt. Die Auskunft des schweizerischen Generalstabs ist nicht gerade beruhigend: «Was entdeckt wird, kann zerstört werden; die Zielgenauigkeit wächst ständig.» Das sollte zumindest die Tarnkunst des Schweizer Soldaten anfeuern. Doch da nur die Feuertaufe ihm beibringen könnte, den Kopf schneller einzuziehen, ziehen wir es vor, ihn so zu sehen, wie er ist: aufrecht und siegreich im Schutz seiner Berge!

Der andere Krieg. Die feldgrauen Strategen glauben weder an einen nuklearen Krieg noch an den universellen Frieden, und die Gefahr eines direkten Angriffs ist für sie wenig wahrscheinlich. Um so größere Aufmerksamkeit widmen sie deshalb der inneren Bedrohung. Das ist der andere Krieg, der Krieg in den Köpfen, der Krieg im Schatten: die Subversion. Georges-André Chevallaz hat ihn mit der ihm gegebenen Anschaulichkeit beschrieben: «Die Propaganda zur Beeinflussung der öffentlichen Meinung, ob von außen oder innen, muß eingerechnet werden. Vorfälle aus jüngster Zeit zeigen, daß sie Teil der Kriegführung ist, den Boden vorbereitet, Zwietracht sät, den politischen Willen und die Widerstandskraft im entscheidenden Augenblick schwächt. Einige Dutzend fanatische, in Subversionstechnik ausgebildete Männer und Frauen können Unsicherheit und Unruhe säen, die öffentliche Mei-

Die Nato-Noten.

Wie schätzen eigentlich die Länder des Nordatlantikpakts die Kampfkraft der Schweizer Armee ein? Ein ausländischer Diplomat und langjähriger Vertreter seines Landes bei der Nato meint, sie sei die zweitstärkste Armee Europas. Dieser Botschafter in Bern möchte nicht genannt sein, um deutlicher werden zu können: «Im Februar 1952 wurden unter dem Schock über die Entwicklung der militärischen Technologie an der Konferenz von Lissabon die anfänglich noch recht bescheidenen Grundlagen für den Nordatlantikpakt gelegt. Von Anfang an setzte die Organisation dabei großes Vertrauen in die militärischen Fähigkeiten der Schweiz. Frankreich zum Beispiel hat kein Verteidigungsdispositiv entlang der Grenze zur Schweiz erstellt.

Folklore soll sie sein, eure Armee? Die Folklore gibt's anderswo, in Belgien, Holland, Dänemark usw. Auf der Karte der Nato ist die Schweiz eine gewaltige natürliche Festung. Und ihre starke Rüstung wird durch die Berge vervielfacht. Afghanistan zeigt, daß selbst eine primitive Bewaffnung genügt, wenn man Berge hat. Dieser Krieg zeigt, daß euer Verteidigungskonzept richtig ist. Doch auch wenn der Schweizer Soldat heute weit schlagkräftiger ist als vor fünfzig Jahren, überschätzt die Nato vielleicht die Bedeutung eurer Armee. Der Grund: Die Militärs verschiedener europäischer Staaten, enttäuscht vom Defätismus und Antimilitarismus ihrer Landsleute, sind vom Verteidigungswillen der Schweizer besonders beeindruckt. Dennoch: Eine Armee ist teuer und weder lächerlich noch negativ. Man muß absolut überzeugt sein, um weiterzumachen. Und ihr habt weitergemacht.

Natürlich ist die neutrale Schweiz 1949 der Nato ferngeblieben. Aber sie hat sich ihre Argumentation zu eigen gemacht. Das beweisen eure militärischen Anstrengungen. Und daß die Überzeugung, die Russen seien die Bösen, richtig ist, hat doch ihr Vorgehen zwischen 1945 und 1948 zur Genüge bewiesen. Wenn man nicht an diese Bedrohung glaubt, ist es absurd, eine Armee aufrechtzuerhalten; wenn man daran glaubt, muß man richtig daran herangehen. Für euch wie für uns ist der Gegner zum voraus bekannt!»

nung zersetzen, im Konfliktfall ‹rechtzeitig› Kraftwerke, Lager, Verbindungen zerstören und die zivilen und militärischen Führungsorgane außer Gefecht setzen. Die fünfzig Bundespolizisten und das Netz der Grenzwächter werden da nichts ausrichten können.»

Es ist der sogenannte indirekte Krieg, der darauf abzielt, die Bevölkerung zu verwirren. Man sagt, daß die Sowjets zivile Brigaden geschaffen hätten, die Sabotage- und Terrorakte verüben würden. Die neue Waffe des Feindes wäre also politischer, moralischer, psychologischer, wirtschaftlicher, sozialer und umweltschützerischer Art. Nach dem Grundsatz: In einem Land, in dem man kaum leben kann, ist die Sicherheit nicht zu gewährleisten.

Die innere Bedrohung, das ist der Wolf im Schafspelz, der unerkannt zuschlägt, um den Unabhängigkeits- und Verteidigungswillen des Volkes zu untergraben und den nationalen Zusammenhalt zu schwächen.

Die Frage ist nur, inwieweit die Militärs für diesen Kampf auf moralischer Ebene gerüstet sind. Algerien, Vietnam und beinahe alle Schlachtfelder der jüngeren Vergangenheit haben gezeigt, daß Unterdrückung gegen Überzeugungen, gegen Ideale nichts vermag, im Gegenteil. Schon die ersten Christen wußten, daß «Blut eine keimende Saat ist».

Was bleibt also? Scharfsinn, List, Intelligenz und die Kenntnis der gegnerischen Methoden. Das sind nicht die herausragenden Eigenschaften derjenigen, die sich in diesem Land zur Verteidigung von Fahne, Macht und Institutionen berufen fühlen. In der Schweiz gibt es so viele selbsternannte Hexenjäger, Spitzel, selbstberufene Militär-Lobbyisten und «Experten» in Desinformation, daß Mutter Helvetia oft alle Mühe hat, ihre legitime Kinderschar wiederzufinden.

Gesamtstrategie

General Guisans Strategie des nationalen Reduits ist heute völlig überholt. Doch versetzen wir uns ins Jahr 1940 zurück: Nach der Besetzung Frankreichs durch die deutsche Wehrmacht und dem Kriegseintritt Italiens ist die Schweiz vollständig von den Achsenmächten eingeschlossen. Es ist unmöglich, 1800 Kilometer Grenzen mit einer bescheidenen Armee gegen die Panzer des deutschen Generals Guderian zu halten. Guisan beschließt deshalb, das Gros

Die Angst vor der Guerilla

Niemand sieht gern eine Niederlage voraus, die Schweizer Militärs genausowenig wie alle andern. Wenn sie ihre natürliche Abscheu überwinden, sprechen sie dennoch vom Kleinkrieg. Doch sie planen diese Form des Krieges, die dort anzuwenden wäre, wo die konventionelle Streitmacht Boden verloren hätte, nur widerwillig und in bescheidenem Umfang.

Als hätten sie nie etwas von Wilhelm Tell oder Robin Hood gehört, haben die helvetischen Strategen diese Form des nationalen Widerstands lange Zeit den Vietcongs überlassen. Nicht zuletzt, weil die schweizerische Partei der Arbeit natürlich überglücklich wäre, unsere Verteidigung einem Haufen Widerstandskämpfern zu überlassen und den ganzen «viel zu teuren» Rest zu vergessen! Und nicht zuletzt, weil jene Sozialdemokraten, die für Einsparungen bei den Militärausgaben kämpfen, unentwegt eine «Armee von dezentralisierten, leicht bewaffneten und im Guerillakampf ausgebildeten Infanteristen» fordern.

Für die offizielle Schweiz kann Guerilla nur der spontane, selbstverständliche Ausdruck des Widerstandswillens sein. Und man wird nicht müde zu wiederholen, daß man sich einem modernen Gegner «nicht mit Maiglöckchensträußchen oder Fahrrädern» entgegenstellen kann.

Doch da man nie vorsichtig genug sein kann, haben zwei Schweizer Experten für Guerilla bereits ein Pflichtenheft des zivilen Widerstands im Besatzungsfall ausgearbeitet. Alles läßt sich vorbereiten, auch die unangenehmsten Dinge . . .

Das Tabu. *Während im März 1984 der eingefleischte Freisinnige Chevallaz mit dem Verteidigungsminister der sozialistischen französischen Regierung Charles Hernu «turtelt», stellt eine von Ben Cramer verfaßte «zivile» Studie des CIRPES (Centre français interdisciplinaire de recherches sur la paix et d'études stratégiques) fest: «In der Schweiz ist es tabu, von Widerstand zu sprechen. Nicht zuletzt wegen der Glaubwürdigkeit der Abschreckung. Von Widerstand kann erst die Rede sein, wenn das Land besetzt, die Schweizer Armee also mit ihrem Auftrag gescheitert ist. Auf Waffensysteme der Spitzenklasse begierig, blickt die Schweizer Armeeführung mit einer gewissen Herablassung auf alle Formen nationaler Verteidigung herab, die sich mit leichten Waffen und Ausrüstungen begnügen.»*

Wäre die Strategie des Kleinkriegs eine Lösung für den Tag, an dem die kleine Schweiz in der wahnwitzigen Rüstungsspirale finanziell nicht mehr mithalten könnte? Wenn ja, dann ist dieser Tag noch fern!

---

seiner Truppen in dem für die Verteidigung günstigsten Gelände zu konzentrieren: den Alpen.

Hat er damit den vom Bundesrat erteilten Auftrag erfüllt, die «Unversehrtheit des Territoriums zu wahren»? Der Militärhistoriker Hans Rudolf Kurz meint dazu: «Der Abzug der Armee ins Landesinnere hätte zur Folge gehabt, daß die am dichtesten besiedelten Gebiete des Landes, zu deren Schutz die Armee nach der Verfassung bestimmt ist, fast ohne Gegenwehr dem Zugriff des Angreifers überlassen worden wären, um um so nachhaltiger den volksarmen Gebirgsraum zu verteidigen. Schweren Herzens hat sich General Guisan zu diesem Entschluß durchgerungen. Dieser verlangte hohe Verzichte, um damit das Höchste zu retten.»

Das Reduit gibt es noch heute (siehe Seite 23), doch nicht mehr als strategische Doktrin. Die neue Schule zieht eine aktive Vorwärtsverteidigung vor.

Feuer und Bewegung. Die Infanterie krallt sich im Gelände fest, im ganzen Gelände, in der Tiefe. Die Artillerie und die andern Unterstützungswaffen sind in vorbereiteten, befestigten und eingegrabenen Stellungen zusammengezogen.

Gegenangriffe und -schläge werden mit einem Maximum an Waffen und Truppen geführt, vor allem mit Panzerverbänden, unterstützt von Flugwaffe und Artillerie.

Die beweglichen Panzertruppen verteidigen das Mittelland, wo das Gros der Bevölkerung und der Wirtschaft des Landes konzentriert ist.

Feuer und Bewegung, das ist die Losung helvetischer Strategie. Das Feuer kommt aus festen, gut vorbereiteten Stellungen, die laufend modernisiert und neuen Waffensystemen angepaßt werden. Die Bewegung ist in erster Linie Sache der gepanzerten Waffen, manchmal auch der Infanterie. Vorgerückt wird unter Feuerschutz.

Die Schweiz hat nur vorübergehend und aus finanziellen Gründen auf die Schaffung einer Armeereserve (Panzer und Flugzeuge) verzichtet, die rasch und offensiv an der am meisten gefährdeten Front eingesetzt werden könnte.

Bereit in weniger als 48 Stunden: Mobilmachung

Die 625 000 Mann der Schweizer Armee können in weniger als 48 Stunden mobilisiert werden. Doch das genügt nicht, wenn der Feind immer schneller und immer besser unterrichtet ist und immer genauer zuschlägt. Die Schweiz will ihre Reaktionsfähigkeit unbedingt verbessern und die Vorwarn- und Alarmzeit verkürzen. Außerdem: Um einem strategischen Überraschungsschlag begegnen zu können, muß man rechtzeitig von ihm erfahren. Deshalb wird das Radarsystem Florida-Taflir, eine Art Riesenohr, mit dem das Land weit über seine Grenzen hinaus horcht, immer wieder verbessert. Und deshalb kann man auch nicht auf den Nachrichtenaustausch mit fremden Staaten verzichten.

Schlag auf Schlag. Zeichnet sich eine Kriegsgefahr ab, muß die Schweizer Neutralität geschützt werden, oder ist die innere Ordnung ernsthaft gefährdet, kann der Bundesrat Truppen aufbieten lassen. Von da an tritt die Armee in den aktiven Dienst ein... und dann geht es wahrscheinlich Schlag auf Schlag. Pikettstellung der Armee, Teilmobilmachung, Allgemeine Kriegsmobilmachung...

– Pikettstellung der Armee: Diese erste, vorsorgliche Maßnahme wird im ganzen Land durch Presse, Radio und Fernsehen und durch den Anschlag des weißen Plakats mit rotem Rand bekanntgemacht. Niemand hat einzurücken, doch sind die Weisungen auf dem Plakat zu beachten. Wehrmänner müssen sich auf eine eventuelle Mobilmachung vorbereiten und weitere Anweisungen abwarten. Bei Pikettstellung ist der Stab bereits in großem Umfang mobilisiert. Die Verantwortlichen aller lebenswichtigen Bereiche des Landes sind an der Arbeit.

– Die Teilmobilmachung wird verfügt: Aufgeboten wird mit der Marschbefehlkarte und dem roten Aufgebotsplakat mit Kennziffern, die bestimmte Formationen bezeichnen. Wer im roten Mobilmachungszettel seines Dienstbüchleins eine der Nummern auf dem Plakat hat, rückt sofort ein. Achtung: Dem angeschlagenen Plakat können nachträglich weitere Nummern angefügt werden.

In den letzten Jahren hat die Schweiz ihr Teilmobilmachungssystem, das noch aus dem letzten Krieg stammte, verbessert. Denn die Armee muß in der Lage sein, in «dem Zeitraum zwischen dem Ausbruch der Feindseligkeiten in Europa und dem Beginn der Kampfhandlungen in unserem Land» zu reagieren. Im Klartext und weil die Militärs sowieso immer den schlimmstmöglichen Fall annehmen: Die Armee verfügt über die Zeit, die ein potentieller Gegner braucht, um vom Eisernen Vorhang bis zur Schweizer Grenze vorzustoßen: acht bis zwölf Minuten für Flugzeuge. Wie schnell man Bodentruppen «erwartet», ist geheim, liegt aber unter 48 Stunden.

Nach dem stets einsatzbereiten Überwachungsgeschwader und der Mobilmachung der gesamten Flugwaffe werden die andern Truppen je nach Anwachsen der Bedrohung mobilisiert: die Panzer, die andern gepanzerten Mittel, Kommandoposten, Truppen, die mit der Sicherung strategisch wichtiger Punkte beauftragt sind. All diese Truppen sollen bei einer allfälligen Mobilmachung der restlichen Armee als Schutzschild dienen. Manche Militärs möchten sie durch die Schaffung einer permanenten Interventionstruppe verstärken, die mit Helikoptern transportiert würde und jederzeit an jedem Punkt der Schweiz zu einem Gegenschlag fähig wäre.

– Die Allgemeine Kriegsmobilmachung wird befohlen: Das Aufgebot erfolgt durch das weiße Plakat mit rotem Diagonalstrich. Die ganze, 625 000 Mann starke Armee rückt sofort ein, spätestens innerhalb von 48 Stunden, vollständig ausgerüstet und mit Verpflegung für mindestens zwei Tage versehen. Kranke und Auslandschweizer sind nicht dispensiert, sondern müssen ebenfalls zu ihren Einheiten stoßen. In weniger als einer Woche ist die Verteidigung des Landes vorbereitet.

Die Reglemente, die alle Fragen der Mobilmachung mit äußerster Genauigkeit behandeln, führen selbst die einzelnen Nahrungsmittel auf, welche der Wehrmann in «Plastiksäcke zu verpacken hat»: 1 Pfund Brot, 300 Gramm Zwieback, 200 Gramm Fleischkonserven, Speck oder Wurst, 150 Gramm Dosenkäse, 100 Gramm Trockenfrüchte, Schokolade oder andere Stärkungsmittel, Kaffee, Tee oder andere Getränke.

Gleichzeitig requiriert die Armee bei der Kriegsmobilmachung rund 43 000 zivile «Requisitionsmotorfahrzeuge», die den militärischen Park von 27 400 Vehikeln verstärken. Der Zivilschutz seinerseits zieht 45 000 Fahrzeuge ein, die mit der wirtschaftlichen Versorgung beauftragten Dienste 28 000.

Heute kennt jeder Wehrmann den Namen seines Kompaniekommandanten, seiner Einheit und den Ort, wo er im Mobilmachungsfall einzurücken hat (zumindest kann er diese Angaben im Dienstbüchlein finden). Diese Information ist der entscheidende Trumpf des Milizsystems. Jede Kompanie kennt in Friedenszeiten die Anzahl der Zivilfahrzeuge, die ihr im Ernstfall zugeteilt sind, sowie die Namen und Adressen der Besitzer. Und jeder Hauptmann bewahrt in einer schweren, mit einem Stahlschloß gesicherten, eisenbeschlagenen Holzkiste die Geheimdokumente auf, die ihn genauestens informieren, wo und wie seine Kompanie mobilisieren muß. Der Ort ist rekognosziert, genauso wie die Unterkunft, die Wachtposten, der Weg zum Munitions- und Materiallager.

Ein hoher Preis. In Friedenszeiten arbeiten die großen Stäbe der Mobilmachungsplätze alle Details der Vorbereitung auf den Ernstfall aus. Das ist entscheidend. Wenn nur ein Glied in der Kette ausfällt, kann es Probleme geben. Der schweizerische Perfektionismus ist beinahe so gefährlich wie der Feind. 1973 betonte der Bundesrat in seinem Bericht über die Sicherheitspolitik, die Schweiz leide keineswegs an Verfolgungswahn. Wenn sie den Krieg vorbereite, dann, um ihn zu verhindern: «Die Armee gibt jedem möglichen Gegner zu verstehen, daß er im Falle eines kriegerischen Angriffs Zerstörungen und eine lange Zeit der Feindseligkeiten zu erwarten hat. Er muß wissen, daß der Preis eines solchen Krieges unsinnig ist.» Die Mobilmachungsvorbereitungen sind unerläßlicher Bestandteil der Abschreckung.

Rekrutenschule, Initiationsritus der Helvetier

Seine militärische Lehrzeit absolviert der Schweizer im allgemeinen im Alter von 19 Jahren, während 17 Wochen. Diese viermonatige Rekrutenschule ist für die jungen Helvetier vergleichbar mit den Initiationsriten bei gewissen Negerstämmen. Sie entdecken hier die Vorherrschaft der Gemeinschaft über die sakrosankt geglaubte Freiheit des einzelnen: eine oft schmerzliche Lehre.

Trotzdem sind 1985 über 90 Prozent der Jungen in eine Rekrutenschule eingerückt. Während der siebzehnwöchigen Ausbildung sind acht Prozent Ausfälle zu verzeichnen gewesen: Vier von fünf jungen Schweizern haben also die RS gemacht.

Aber was bringt sie eigentlich dazu, ihre militärischen Pflichten so massiv zu erfüllen? Nationalismus, Chauvinismus, die große Liebe zu ihrem Land und seinen Institutionen? Kaum. Die meisten Rekruten wissen über das Funktionieren unserer Demokratie wenig und kümmern sich auch nicht darum. Es ist die unbekümmerte Gleichgültigkeit eines privilegierten Volks! Begeisterung ist selten. Die Armee bejammert Jahr für Jahr das Versagen des staatsbürgerlichen Unterrichts in den Schulen. Aber sie weigert sich, diese Lücken zu füllen. Das ist nicht ihre Aufgabe, und sie hat keine Zeit dafür. Außerdem ist ja gerade die Linke kategorisch dagegen, daß die Armee eine «Schule der Nation» wird.

Wieso also melden sich die jungen Eidgenossen mit einem mehr oder weniger kräftigen «Hier, Korporal» (das am Anfang der RS in jedem Fall von einem «Lüüter» gefolgt ist)? Ist es einfach Angst, wie die Armeegegner behaupten? Im allgemeinen nicht. Der Wunsch, etwas zu lernen? Bei den spezialisierten Waffengattungen mag das zutreffen. Doch die Schweizer Armee hat für ihre bescheidenen Bedürfnisse genug Soldaten mit hohem Bildungs- und Ausbildungsstand: 42 Prozent der Wehrmänner dienen in der Infanterie und müssen vor allem mit dem Sturmgewehr umgehen lernen.

Die Rekruten sind zweifellos von einem gewissen Pflichtgefühl erfüllt, in erster Linie aber von dem Wunsch, diese Schranke zu überwinden, die sie vom Mannesstand trennt. Sie wollen initiiert werden, Männer wie ihre Väter sein.

Deshalb rücken jedes Jahr über 41 000 Rekruten in die 57 Rekrutenschulen des Landes ein, wo sie von rund 8300 Korporälen und 2400 Offizieren zu Männern gemacht werden. 23 Prozent der Rekruten, (9450) werden weitermachen und die UO absolvieren, 26 Prozent (2100) der jungen Unteroffiziere können nach dem Abverdienen in einer der Offiziersschulen zum Leutnant aspirieren.

Von den 387 Kompanien eines Jahres sind die Rekruten von 227 Kompanien deutscher, von 42 französischer und von 7 italienischer Zunge. In 111 Kompanien sind Rekruten aus zwei oder gar drei Sprachregionen vertreten.

Rekrutenschulen gibt es im Sommer und Winter. Ihr offizielles Ziel: die jungen Männer zur Kampftüchtigkeit auszubilden.

Vom Wert der Anstrengung. Dank dem Militärdienst verlieren die Schweizer Milizsoldaten jährlich etwa 100 Tonnen überflüssiges Fett. Die Rekruten hingegen nehmen zu, zwischen drei und fünf Kilo. Sie werden kräftiger.

Leistungsbewußtsein ist zweifellos das Wertvollste, was die RS vermittelt. Sie ist für viele an Komfort gewöhnte Junge die einzige Gelegenheit, ihre persönlichen Leistungsgrenzen kennenzulernen und zu überwinden. Das braucht Willen, und deshalb ist die Anstrengung nicht nur körperlich.

Während der Rekrutenschule sind verschiedene Trainingsmärsche vorgeschrieben: 10 Kilometer Eilmarsch, 20 Kilometer. Der Walliser Roger Mabillard hat als Ausbildungschef als erstes eine sogenannte Überlebenswoche mit einem 50-Kilometer-Marsch eingeführt. Kritiken und Klagen sind selten. Denn es sind im allgemeinen nicht die körperlichen Anforderungen, die Schwierigkeiten machen.

Die Disziplin. Seit dem letzten Krieg hat sich die Disziplin in der Schweizer Armee kaum verändert. Setzt man eher auf Erziehung als auf Strafe? Anderthalb Monate nach seinem Amtsantritt als EMD-Chef versichert Jean-Pascal Delamuraz: «Besondere Anstrengungen werden unternommen, um die jungen Soldaten zu motivieren. Der Zweck unserer Verteidigungsarmee muß im Volk besser verstanden werden. Auch die ausgeklügeltsten Waffensysteme sind nicht viel wert, wenn sie wenig oder gar nicht motivierten Soldaten anvertraut werden. Doch aufgepaßt! Es kommt nicht in Frage, daß die Disziplin darunter leidet.» Nur der letzte Teil dieser Ausführungen scheint in die Tat umgesetzt worden zu sein.

Für Roger Mabillard hängt der Kampferfolg «von der Überzeugung ab, sich für eine gerechte Sache einzusetzen, von einer straffen Führung und unerbittlichen Disziplin, die so weit gehen kann, von jedem einzelnen das höchste Opfer zu fordern».

Diese Disziplin ist für Mabillard ein Bollwerk gegen die Schlaffheit der heutigen Gesellschaft, gegen «die Sitten, die Erziehungsmethoden, die Zunahme körperlicher und seelischer Schwäche, die daraus erwächst, den naiven Idealismus, den schreierischen und oft demagogischen Pazifismus, die Auswüchse eines gewissen Umweltdenkens, all das, was den Bürger schlecht darauf vorbereitet, frohen Mutes die Zwänge einer militärischen Ausbildung anzunehmen, die ihrem Ziel gerecht wird: der Kriegstüchtigkeit».

Mabillard begehrt mehr und mehr gegen die «einseitigen Modernisten» auf: «Sie geben dem einzelnen gegenüber der Gruppe absoluten Vorrang. Zudem überschätzen sie den Wert von Motivation und Überzeugung. Schließlich messen sie dem guten Arbeitsklima und den guten Beziehungen zwischen den hierarchischen Stufen viel zu großen Wert bei: In Wirklichkeit sind Spannungen oft unvermeidlich, wenn die Verfolgung eines Ziels von jedem fordert, daß er sich einer strikten Disziplin unterordnet.»

Tötenlernen. Zweifellos ist Disziplin in jeder Armee notwendig. Dank dem Drill, der seine kriegerischen Reflexe fördert und die «Automatismen der Waffenmanipulation» erzeugt, sollte der Soldat fähig sein, das Feuer in jeder Situation zu eröffnen.

Doch während nichts ausgelassen wird, um den Rekruten Disziplin einzuhämmern, vergißt man, ihre Motivation zu pflegen. Dabei beweist die von den Schweizer Militärs so bewunderte israelische Armee, daß Überzeugung, Disziplin und Aktion nicht Gegensätze sind. Doch das reicht nicht aus, um die Militärs dazu zu bringen, einige Stunden ihres Ausbildungsprogramms zu opfern, um den jungen Soldaten die Gründe für ihren Dienst unter den Fahnen zu erklären. Ist es die Angst vor «überflüssigem Geschwätz», vor der verlorenen Zeit, vor der Theorie? Zweifellos. Der Militärhistoriker Hans Rudolf Kurz kann denn auch völlig selbstverständlich behaupten, Demokratie habe in der Armee nichts zu suchen.

Der Oswald-Bericht. Am 8. Juni 1970 veröffentlichte eine Kommission von «Weisen», die vom Ausbildungschef einberufen worden war, einen dicken, fünffarbigen Bericht von 174 Seiten. Dieser sogenannte «Oswald»-Bericht wollte in anspruchsvoller Weise die Armee voranbringen, die militärische Ausbildung und Erziehung verbessern, vor allem aber die Armee den Erfordernissen der Zeit anpassen.

Der Präsident dieser Kommission, Heinrich Oswald, Oberstleutnant, damals Generaldirektor der Knorr-Nährmittel AG und später Ringier-Verwaltungsratsdelegierter, erinnert sich, wie ungnädig der Bericht von den Militärs aufgenommen wurde: «Sie haben nichts begriffen. Es ging überhaupt nicht darum, die Disziplin zu schwächen, sondern sie nicht in ihren verknöcherten, versteinerten Formen aufrechtzuerhalten. Wir wollten die dem Wehrmann aus dem Zivilleben vertrauten Prinzipien moderner Unternehmensführung auch in der Armee verwirklichen. Der Funktion den Vorrang vor dem Grad einräumen. Leider gab diese Philosophie Anlaß zum Widerspruch von Offizieren, die nach veralteter Art erzogen worden waren, von Männern, die sich an die Vorstellung klammerten, der Dienstgrad sei der Schlüssel zu allem.»

Die Oswald-Reform wollte den Stock durch Überzeugungskraft ersetzen. Dazu Oswald: «Wir wollten es möglich machen, daß alle Wehrmänner in Uniform denken, überlegen können. Denken beeinträchtigt die Disziplin nicht. Unser Bericht schlägt nichts anderes vor als das, was ein guter Kommandant immer getan hat und was Guisan nach dem Krieg empfohlen hatte, in Passagen, die nur allzu gern vergessen wurden. (...) Angesichts der phantastischen Entwicklung der militärischen Technik und der atomaren Bedrohung genügt es nicht mehr, daß die Soldaten nur gehorchen. Sie müssen außerdem in ihrem eigenen staatsbürgerlichen Gewissen über die moralischen Werte verfügen, die es ihnen ermöglichen, sich allen Umständen anzupassen. Man muß sich die Zeit nehmen, die Soldaten von der Glaubwürdigkeit unserer Armee zu überzeugen. Auf der andern Seite können uns nur der starke Willen und die tiefe Überzeugung unserer Soldaten eine glaubwürdige Armee geben. Die Offiziere müßten also die Armee erklären können.»

Die Kommission Oswald schlug zudem die Beteiligung an der Entscheidungsfindung vor: «Die Untergebenen werden von ihren Vorgesetzten angehört. Das bedeutet keineswegs, daß jeder mitbestimmen kann und der Chef nicht mehr entscheidet.» Wie andere Vorschläge wurde auch diese Idee von den Militärs abgelehnt. Nur einige kleinere Maßnahmen wurden angenommen, sozusagen als «Zückerchen»! Einige, wie die Abschaffung der Achtungstellung oder die Einführung einer nicht martialisch, aber nach Meinung mancher eher lächerlich wirkenden «Ruhn»-Stellung (die beiden Hände schützend über dem Geschlechtsteil verschränkt), stießen auch bei der Truppe auf Kritik.

Die Oswald-Reform, die die Kampftüchtigkeit stärken sollte, wurde nur halbherzig durchgezogen. Im wesentlichen führte sie «nur» zu einer gewissen Entspannung in der Beziehung zwischen Soldaten und Vorgesetzten. Oswald selbst sieht das allerdings weniger pessimistisch: «Die Tatsache, daß die Armee während der Jugendbewegung von Turbulenzen, Chaotentum und Protestaktionen verschont blieb, zeigt deutlich, daß die Beziehungen zwischen Vorgesetzten und Untergebenen freier geworden sind, ohne daß die Disziplin darunter gelitten hätte. Ohne falsche Bescheidenheit kann man sagen, daß unser Bericht langfristig Wirkung zeigt, trotz der von gewissen Instruktoren betriebenen ‹Gegenreform›.»

Dennoch bleibt die Tatsache, daß viele Rekruten sich auf die Verteidigung von Werten vorbereiten, die sie kaum kennen. Und der Soldat versteckt sich gern hinter seiner «Verantwortungslosigkeit», nicht zuletzt, um sich gegen die Hierarchie abzusichern: «Die da oben haben das Sagen. Dann sollen sie auch das Denken besorgen!» Der gehorsame Schweizer Wehrmann handelt nur auf Befehl. Sein Sinn für Eigeninitiative ist erstickt. Und diese veraltete Auffassung von Disziplin findet sich ja auch manchmal im Zivilleben, in der Schule wieder.

Beförderungsdemokratie

Vetterliwirtschaft gibt es im Beförderungswesen der Schweizer Armee nicht. Jeder Grad will verdient, will abverdient sein. Hier der Tarif:

Der Soldat	Alter	Dauer
Aushebung	19	1 Tag
17 Wochen RS	20–	118 Tage
8 Wiederholungskurse (WK) zu 20 Tagen	21–32	160 Tage
3 Landwehr-Ergänzungskurse (EK) zu 13 Tagen	33–42	39 Tage
2 Landsturm-EK zu 6 Tagen	43–50	12 Tage
11 Inspektionen der Mannausrüstung	in den kursfreien Jahren	11 Tage
außerdienstliche Bundesschießen (Obligatorisch)		22 Tage

Zählt man zu den eigentlichen Diensttagen in den Kursen (RS, WK, EK) die Aushebung, die Inspektionen und das Obligatorischschießen sowie allfällige andere außerdienstliche Tätigkeiten hinzu, dient jeder Soldat oder Gefreite ein volles Jahr unter dem Schweizer Kreuz. Und nach dem 50. Geburtstag fängt es mit dem Zivilschutz wieder von vorn an.

Der Korporal absolviert zusätzlich:

die Unteroffiziersschule (UO)	27 Tage
das Abverdienen (Gruppenführer in einer RS)	118 Tage
Kadervorkurse (KVK) und Spezialkurse	37 Tage

Viele Korporale in der Schweizer Armee werden zum Weitermachen gezwungen. Das Bundesgesetz über die Militärorganisation legt in Artikel 10 fest: «Die Angehörigen der Armee können verpflichtet werden, einen bestimmten Grad oder eine bestimmte Funktionsstufe zu bekleiden, ein Kommando oder eine Funktion zu übernehmen und den dafür vorgeschriebenen Dienst zu leisten.» Diese Bestimmung ist der unerfreulichste Aspekt unseres Milizsystems und bringt manche dazu, von diesem Augenblick an den Dienst zu verweigern. Sie ist Ausdruck eines Disziplinverständnisses, das die persönliche Haltung des Soldaten kaum zur Kenntnis nimmt. Denn in einer motivierten Truppe gibt es selten Beförderungsprobleme.

Wachtmeister müssen zwei zusätzliche WKs leisten. Künftige *Feldweibel* und *Fouriere* absolvieren nach dem Abverdienen der Korporalswinkel die Feldweibel- beziehungsweise Fourierschule von 34 Tagen und müssen dann nochmals 125 Tage in einer Rekrutenschule die doppelten Winkel mit dem Kreuz abverdienen.

Offiziere absolvieren gleich viel Diensttage wie Korporale sowie zusätzlich:
beim Leutnant:

Offiziersschule als Aspirant	118 Tage
Abverdienen als Zugführer in einer RS	125 Tage
Kader- und Spezialkurse	50 Tage

beim Hauptmann:

Zentralschule I	27 Tage
Schießschule	20 Tage
Abverdienen als Kommandant einer RS	132 Tage

Hauptleute der Schweizer Armee verbringen also rund drei Jahre ihres Lebens in Uniform, Majore 1343 Tage, Oberstleutnants und Obersten über 4 Jahre mit 1513 Diensttagen. Majore absolvieren die Zentralschule II, die beiden nächsthöheren Dienstgrade die Zentralschule III.

Wo man sich trifft. Die verschiedenen Offiziersschulen sind zweifellos Orte der Begegnung, wo sich die Kader und zukünftigen Kader des Landes kennenlernen. Die hier und im späteren Dienst geknüpf-

Dauer der Dienstzeit: vom Soldaten bis zum Regimentskommandanten

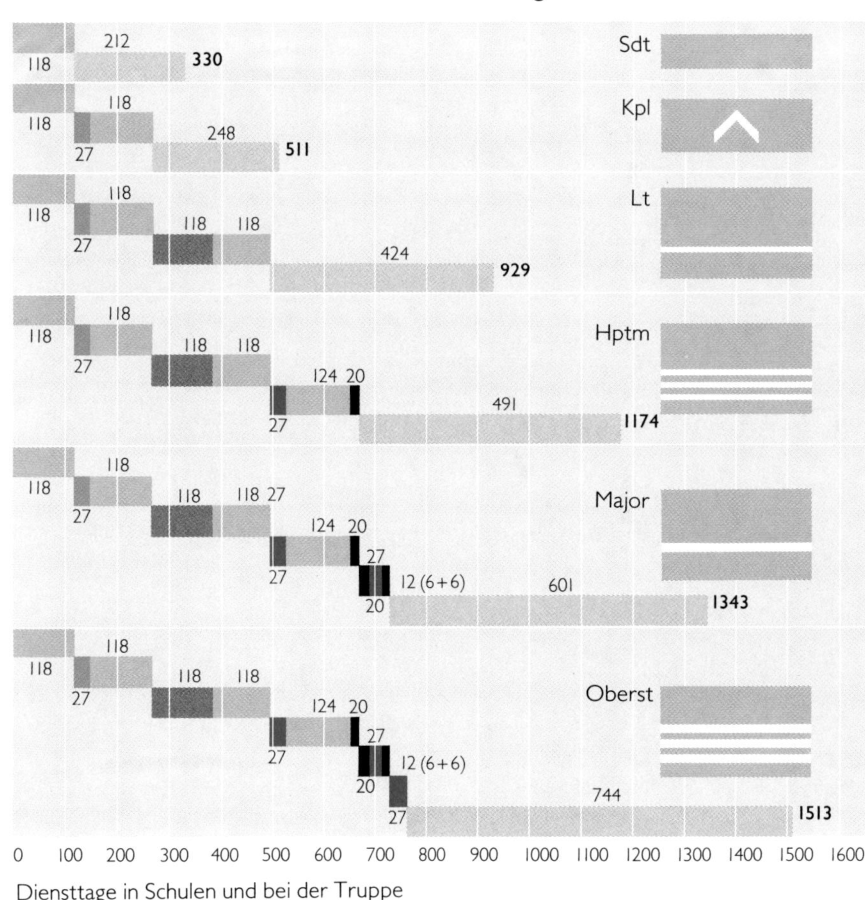

ten Bande unter den 44000 Schweizer Offizieren halten auch im Zivilleben.

Gibt es also eine Offizierskaste? Glaubt man einer Untersuchung aus dem Jahr 1984, ist das nicht unbedingt so: Zwei Fünftel der Aspiranten sind Söhne von einfachen Soldaten, die Väter eines weiteren Fünftels sind Unteroffiziere.

Daß jedoch höhere Bildung zum Offizier «qualifiziert», belegt die Tatsache, daß die Hälfte der Aspiranten Studenten oder Akademiker sind.

Die Schule der Elite. Die Generalstabskurse haben bedeutend mehr Einfluß auf das Leben des Landes als die übrigen militärischen Schulen. Kader aus Industrie und Handel treffen hier auf Führungsleute der Bundesverwaltung und der Armee. Gemeinsam lernen sie nicht nur die Kunst des Führens und militärischer Taktik, sondern auch Beurteilung und Behandlung kritischer Situationen. Während Tagen und Nächten verschieben diese Offiziere – übernächtigt und unter hohem Leistungsdruck stehend, im Sandkasten oder mit realen Truppen arbeitend – ganze Divisionen und Armeekorps... und wehe, sollten sie den Anhänger mit Putzmaterial oder die Trainpferde unterwegs irgendwo vergessen!

Die Generalstabskurse sind mehr als militärische Schulen; sie sollen in den Eliten des Landes eine einheitliche Denkens- und Verhaltensweise fördern. Damit sind sie auch heute noch ein anerkanntes Element der Charakter- und Führungsschulung... und gleichzeitig eine ideale Gelegenheit für die Armee, bei den zivilen Führungskräften Verständnis für ihre Wünsche und Bedürfnisse zu wecken.

Die Armee altert

Ein großes Problem stellt sich heute und in Zukunft: Der Schweiz fehlt es an Männern. Der Geburtenrückgang seit den sechziger Jahren könnte eine tiefgreifende Änderung im Aufbau der Armee nach sich ziehen: Um den Bestand der Armee aufrechtzuerhalten, müssen nämlich pro Jahr 48000 junge Wehrmänner ausgebildet werden. In den siebziger Jahren stellten sich da keine Schwierigkeiten. Die Armee profitierte von der starken Geburtenwelle der ersten Jahrzehnte nach dem Krieg: die Sollbestände konnten mit 112 Prozent erfüllt werden. Seither haben sich die Dinge geändert.

Bereits 1984 fehlten 1300 Rekruten, 1985 waren es 1700 und 1986 gar 2000. Das ist vorläufig nicht weiter schlimm, weisen doch alle älteren Jahrgänge einen Überbestand aus. Doch 1995 wird der Sollbestand der Auszugstruppen (20- bis 32jährige) nicht mehr erreicht sein, und im Jahr 2005 werden dieser wichtigsten Streitmacht unseres Heeres 60000 Mann fehlen.

Dafür wird der Bestand der Landwehr (33- bis 42jährige) weiterhin anwachsen und 1998 einen Überschuß von 55000 Mann erreichen. Danach werden auch hier die Truppenbestände zurückgehen und im Jahr 2009 unter dem Soll liegen. Dann wird die Überschußwelle den Landsturm «überfluten»: Zwischen 1990 und 2010 werden 40000 Wehrmänner im Alter zwischen 43 und 50 Jahren «überflüssig» sein.

Die Entwicklung der Bevölkerungsstruktur und der Zuwachs bei den Dispensierten lassen voraussehen, daß der Schweizer Armee im Jahr 2010 insgesamt 17000 Mann fehlen werden.

Soll man den Landsturm aufheben? Will die Schweiz den Aufbau ihrer Auszugstruppen beibehalten, wird sie sich in Kürze etwas einfallen lassen müssen. Die Aufhebung der Kategorie Hilfsdienstsoldaten (HD) und die Eingliederung der jüngeren HD-Pflichtigen würde etwa 5000 Mann «bringen». Allerdings müßte man für sie eine differenzierte Ausbildung schaffen, die ihnen unzumutbare körperliche Anstrengungen erspart. Die Armee könnte sie gezielt nach ihren Kenntnissen einsetzen und ihre intellektuellen und technischen Fähigkeiten besser nutzen.

Die häufig vorgebrachte Idee, die mehreren tausend jungen, in der Schweiz wohnhaften Ausländer einzubürgern und damit zu «nutzen», ist auch keine befriedigende Lösung und wird außerdem von fremdenfeindlichen Kreisen heftig bekämpft.

Um die Strukturen der Armee durch den künftigen Bestandesrückgang nicht allzusehr aus dem Gleichgewicht geraten zu lassen, spricht man auch davon, die Altersgrenze im Auszug von 32 auf 34 oder gar 36 Jahre anzuheben. Und da es nicht in Frage kommt, die gesamte Militärdienstzeit zu verlängern, würde man einfach den Landsturm verringern oder gar aufheben. Die Idee liegt in der Luft.

Sie kommen aus verschiedenen Kreisen und oft aus verschiedenen Kantonen. Oft sprechen sie eine andere Sprache, haben andere Konfessionen und andere Weltanschauungen: Doch alle treffen sich vor dem Kasernentor. Hier lernen sich die Schweizer kennen.

ENTREE EN SERVICE

Der erste Tag in der Rekrutenschule 202 in Colombier: Mit dem Kleiderwechsel ist es nicht getan, der Wandel geht tiefer. Während vier Monaten hat nicht mehr das eigene Ich den Vorrang. Für viele junge Schweizer ist die RS eine Schule des Lebens in der Gruppe, in der Gemeinschaft. Rund 41 000 junge Schweizer absolvieren jedes Jahr zum erstenmal ihre Wehrpflicht und werden später als Soldaten, Unteroffiziere oder Offiziere Dienst tun.

Zur Ausbildung in der Rekrutenschule gehört die sogenannte Überlebenswoche: Hier müssen die Rekruten lernen, sich in der Natur – mehr oder weniger auf sich selbst gestellt – zu behaupten.

Die Überlebenswoche beginnt mit einer minuziösen Kontrolle der zugelassenen Materialien und Lebensmittel: Jeder wird durchsucht.

Dann kommt der lange Marsch, gespickt mit Angriffen, Überfällen und Hinterhalten, die man vermeiden oder überstehen muß. Um dem Gegner wie den eigenen Vorgesetzten zu entwischen, gibt es nur eine Methode: perfekte Tarnung.

In der Überlebenswoche lernen die Rekruten, in Erdlöchern zu biwakieren, jeden Abend an einem andern Ort. Im Winter bauen sie Iglus oder graben Höhlen in den Schnee. Gekocht wird am offenen Feuer; in der Glut oder auf heißen Steinen backen sie ihr Brot.

3

Die Schlagkraft wird erhöht

Da die Infanterie nach wie vor die Hauptwaffe der Schweizer Armee bleibt, muß sie sich auch mit allen Mitteln (im Bild das Innere eines vorfabrizierten Feldunterstands) gegen die fürchterlichen Massenvernichtungsmittel des Gegners schützen. Die Zeiten des siegreichen Sturmangriffs sind vorbei. In Zukunft wird derjenige Truppenführer ein Held sein, der das Leben seiner Soldaten so gut wie möglich schützt. In einem modernen Krieg wird es weniger außergewöhnlich sein, für sein Vaterland zu sterben, als den Kampf für die Heimat fortsetzen zu können.

Ein neues Kleid fürs Jahr 2000

Am 7. Juli 1987 sind die ersten 35 deutschen Kampfpanzer Leopard 2 in Dienst gestellt worden, und zwar beim ersten der 12 Panzerbataillone, die im Jahr 2000 das Prunkstück der Schweizer Armee bilden werden. Und die Gruppe für Rüstungsdienste (GRD) sieht auch bereits den Kauf eines neuen Kampfflugzeugs vor. In den letzten Jahren hat die Armee 20 britische «Hawk»-Düsentrainer erworben, außerdem 3 schwere französische Transporthelikopter des Typs «Superpuma», Radaranlagen und Panzerjäger. Was bleibt nach solchen großen Brocken für die Infanterie? Immer noch ein dickes Stück des Rüstungskuchens.

Mehr als 40 Prozent der Schweizer Milizsoldaten dienen in der Infanterie, im Ernstfall in den vielfältigen Stützpunkten, die in der Tiefe des Territoriums verteilt eine der großen Stärken der helvetischen Verteidigung bilden. Dies nicht zuletzt, weil die Männer das Gelände wie den eigenen Hosensack kennen. Diese Infanterie ist nicht vergessen worden, wird ihre Ausrüstung doch in den nächsten Jahren vollständig modernisiert. Hier eine kleine Aufstellung des Materials, das erneuert wurde oder wird: Gewehr, Granate, Uniform, Schwerer Minenwerfer, Minenwerfer, Panzerabwehrwaffen, Feldflasche... kurz, das Wesentliche.

Große Anstrengungen. 1973 unterbreitete der Bundesrat der Bundesversammlung seinen Bericht über die Sicherheitspolitik der Schweiz, in dem er seine Konzeption der Gesamtverteidigung vorstellte. Seine Schlußfolgerung: «Eine ernsthafte Verteidigung kann wirksam sein, selbst wenn es nicht möglich ist, jeder Bedrohung mit allen erforderlichen Mitteln zu begegnen. Jede Verstärkung unserer Mittel erhöht unsere Sicherheit!»

Fünfzehn Jahre später ist dieses Potential bedeutend erweitert, und zwar vor allem dank der Hartnäckigkeit der beiden letzten EMD-Vorsteher, Georges-André Chevallaz und Jean-Pascal Delamuraz. Die beiden Waadtländer Freisinnigen und ehemaligen Stadtpräsidenten von Lausanne haben im Bundesrat und im Parlament mit Westschweizer Beredtheit umfangreiche Rüstungspakete durchgebracht. Ihr Nachfolger, der Appenzeller Arnold Koller, wiederholt ständig, daß die Armee stark sein muß, «um die Unabhängigkeit des Vaterlandes gegenüber dem Ausland zu sichern». Und: «Eine Armee muß per Definition Respekt einflößen.»

Vor zehn Jahren lancierten wirtschaftliche Kreise und Offiziersvereinigungen eine Petition «für eine starke Armee». Heute hat die Schweizer Armee ihre Mittel für die konventionelle Kriegführung in großem Maß verstärkt.

Vierzehn Truppengattungen. In diesem dritten, technischeren Teil wollen wir die Mittel der Schweizer Armee vorstellen. Sie besteht aus 14 verschiedenen Truppen- oder Waffengattungen. Neben der Infanterie, die noch immer den Löwenanteil des Truppenbestands beansprucht, dienen je 9 Prozent bei den Mechanisierten und Leichten Truppen sowie bei der Artillerie. Die Flab beschäftigt 7 Prozent, Genie- und Sanitätstruppen machen je 6, die Versorgungs- und die Luftschutztruppen je 5 und die Flugwaffe 3 Prozent des Truppenbestands aus. Kleinere Anteile leisten bei den Übermittlungs-, Festungs-, Versorgungs-, Material-, Transport- und Veterinärtruppen Dienst.

Superstar Infanterie

Schöner und leichter. Die Füsiliere oder Infanteristen stellen noch immer 42 Prozent der Schweizer Armee. Zum Glück sollen sie jetzt schöner und vor allem beweglicher werden.

Bei seiner Landung in Indochina, wo noch Reste der französischen Armee «herumhingen», verteilte Marschall Jean de Lattre de Tassigny seinen Offizieren als erstes weiße Uniformen. Innerhalb von wenigen Tagen war die Disziplin wiederhergestellt. Man konnte eine geradezu an ein Wunder grenzende Wiedergeburt des Nationalstolzes, des Willens und der Kampfmoral feststellen.

Die Schweizer Soldaten ihrerseits tragen noch heute Hosen und Kittel aus, die den Ersten Weltkrieg mitgemacht haben. Und sie müssen eine spitze Ausgangsmütze tragen, wie man sie sich lächerlicher nicht vorstellen könnte. Zweifellos bezahlt die Schweiz den Umstand, daß sie die schlechtestangezogene Truppe der Welt besitzt, recht teuer...

Seit 1986 mühen sich die Militärcouturiers ab, um für 1990 «Wundertenüs» zu kreieren. Der seit einiger Zeit an die Truppe abgegebene neue Kampfanzug ist weniger scheckig als der alte und hat ein Dutzend Taschen eingebüßt. Der Soldat gleicht nicht mehr einer Fasnachtsfigur und ist vor allem in weniger als zehn Minuten kampfbereit. Eine besser geschnittene Ausgangsuniform und ein Béret sollen sein Erscheinungsbild endgültig aufpolieren.

Zu den andern Neuerungen gehören Sturmgepäck, wasserdichtere Schuhe, ein praktischerer AC-Schutzanzug, der neue Helm (seit 1979) und eben die neue Feldflasche...

Die Reaktionsgeschwindigkeit entscheidet. «Feindlicher Helikopter 50 Meter voraus, Feuer frei!» Bei diesem Befehl des Zugführers sollte sich der gut ausgebildete Mitrailleur zu Boden werfen, sein Gewehr laden und schießen. Der helvetische Mitrailleur der sechziger Jahre, vor allem an Trägerarbeit gewöhnt, antwortete darauf mit beinahe fatalistischer Mechanik, während er die schwere Lafette absetzte, gemäß der schulmäßigen, seit der RS tausendfach geübten Litanei: «Stütze links, rechts... hinten!» Für diesen Soldaten lautet das Urteil: «Tod durch Langsamkeit». Er hat sich übertriebener Disziplin schuldig gemacht!

Gottseidank oder besser dank der Bedrohung aus dem Himmel wird der Schweizer Füsilier immer mehr von überflüssigen Lasten befreit, was seine Beweglichkeit und seine Chancen im Zweikampf erhöhen sollte. Die neue Mannausrüstung spiegelt das wider:

– Das neue Sturmgewehr 90 (Kaliber 5,6 mm) wiegt mit 120 Patronen 6,05 Kilo statt 10,4 wie das Stgw 57 mit Kaliber 7,5 mm. Das Stgw 90, wie das Vorgängermodell eine Entwicklung der SIG in Neuhausen, ist kürzer und von hoher Genauigkeit auf 300 Meter. Dank des umklappbaren Kolbens mit nur unbedeutendem Rückstoß können Gewehrgranaten ohne Zusatz-Treibpatronen verschossen werden (der Kauf solcher Granaten ist im Augenblick allerdings nicht vorgesehen). Das Sturmgewehr 90 wird nach ersten Erprobungen in den Jahren 1986/87 ab 1988 an die Truppe abgegeben.

– Außerdem hat die Armee 1985 für 70 Millionen Franken 1,5 Millionen neue Handgranaten bestellt. Sie ersetzen ein Modell, das nach Ansicht vieler Militärs für die Kameraden und den Werfer selbst mindestens so gefährlich ist wie für den Gegner... Die Hg 43 explodiert zu spät, ist zu schwer und zu feuchtigkeitsempfindlich. Sehr beruhigend! Das neue Modell in Eier- oder Zitronenform wiegt nur 465 Gramm (Hg 43: 1130). Die Eierhandgranate explodiert nach 4 statt 6 Sekunden; dank einem Sicherheitssystem ist sie jedoch erst wirklich entsichert, wenn sie die Hand des Werfers verlassen hat.

Die mit einem Zünder der deutschen Firma Diehl versehene Handgranate wird zu 60 Prozent in der Eidgenössischen Munitionsfabrik in Altdorf hergestellt und enthält weniger Sprengstoff, erzeugt aber fünfmal mehr Splitter. An die Truppe abgegeben wird sie erst 1990, zuerst müssen die Hg-43-Lagerbestände aufgebraucht werden.

Die Königin braucht Hilfe. Die Infanterie, «Königin der Waffengattungen», ist nach wie vor unersetzlich. Sie kämpft im gegliederten, bewaldeten oder überbauten Gelände, kanalisiert und behindert den Vormarsch des Gegners. Allein kann sie den Kampf jedoch nicht führen.

Die Schweizer Strategen sind sich einig: Obwohl nach wie vor die Hauptwaffe, kann die Infanterie kaum mehr ohne die Unterstützung der Panzerformationen, der Panzerabwehrverbände, der Artillerie und der Flieger- und Flabtruppen eingesetzt werden.

Die Korpswaffen der Infanterie sind nicht gerade jugendfrisch. Die Minenwerfer stammen aus dem Jahr 1933, das Maschinengewehr wurde 1951 entwickelt, die Raketenrohre und die Panzerabwehrkanonen ebenfalls in den fünfziger Jahren. Letztere wurden durch die drahtgesteuerten Panzerabwehrlenkwaffen «Bantam» (1965) und «Dragon» (1977) mit Hohlpanzerladung verstärkt.

Bevorzugen die Militärs die «Luxuswaffengattungen» (Panzer-, Fliegertruppen), statt die Feuerkraft der Infanterie optimal zu erhöhen? Verzichten sie damit darauf, die Vorteile der ungeheuren Manndichte pro Quadratkilometer zu nutzen. Dazu der gewesene EMD-Vorsteher Jean-Pascal Delamuraz: «Bei uns kommt ein Panzer auf 819 Soldaten, in der Bundesrepublik einer auf 125 Mann. Die Infanterie ist unsere Hauptwaffe, doch wenn sie den Kampf in offenem Gelände führen müßte, würde sie verbluten. Deshalb muß sie mit allen verfügbaren Mitteln unterstützt werden.»

Ohne es zu wissen, übernimmt Delamuraz hier ein altes Rezept der Roten Armee: «Sterben fürs

Vaterland... nein! Lernt Schlachten schlagen mit eurem Bataillon, zehn, zwanzig, dreißig – lernt es zu erhalten... Der Soldat wird es euch danken. Schützt die Infanterie durch Verschiebungen und Taktik, gebt ihr Feuerschutz.» Die Russen fügen allerdings hinzu: «Zählt auf die Artillerie, aber seid bereit, euch selbst zu verteidigen!»

Die «Schlächterei» vermeiden. Das EMD verstärkt die Infanterie andauernd: 1987 wurden neben 135 000 neuen Gewehren 5500 Zugs-Minenwerfer (dieses Kampfmittel des Zugführers wird vor allem für die Gefechtsfeldbeleuchtung bei Nachtkämpfen nützlich sein) sowie gezogene Schwere Minenwerfer (Kaliber 12 cm) für die Feldarmee bestellt. Dem Schutz der Füsiliere dienen vorfabrizierte Unterstände. Der Kauf von gepanzerten Panzerjägern (27 Tonnen) wurde 1986 gebilligt. Und bald werden neue Puch-Jeeps und Geländefahrzeuge den bereits durch Saurer-Daimler-Benz-Lastwagen modernisierten Fahrzeugpark ergänzen. Man sieht, für die Infanterie wurde einiges getan. Doch die Armeeführer lassen sich nicht beirren: Die Verteidigung des Mittellandes ohne Flugwaffe, mechanisierte Verbände und moderne Panzerabwehrwaffen kommt für sie nicht in Frage: «Diese Waffen sind kein Luxus, damit wollen wir lediglich eine Schlächterei vermeiden.»

Die Vielfalt der Infanterie. Die Infanterie besteht nicht nur aus Füsilieren, Schützen und Gebirgsinfanteristen. Da sind auch die Mitrailleure (1 Zug mit 4 Mgs pro Kompanie), die Minenwerferkanoniere mit 8,1- und 12-cm-Minenwerfern mit einer praktischen Reichweite von 4000 und 7000 Metern, die Grenadiere für schwierige Einsätze und den Nahkampf, die Panzerabwehrkanoniere und Panzerabwehrlenkwaffensoldaten, Funker und Telefonisten, Motor- und Motorradfahrer, die Trainsoldaten, die in unwegsamem Gelände mit rund 6000 Zugpferden und Maultieren für den Nachschub sorgen... und last, not least die Trompeter und Tambouren, die auch im Truppensanitätsdienst eingesetzt werden.

Als der Bundesrat und die Kammern 1972 beschlossen, die Kavallerie abzuschaffen, wurden sie wie kaum je zuvor in der Schweizer Geschichte mit Petitionen überschwemmt. Die Pferdewelt eilte den berittenen Truppen zu Hilfe. Vergebens! Das sparsame Bern weigerte sich sogar, einige Schwadronen für Paraden und Defilees zu behalten.

Der taktisch richtige Entscheid, die Kavallerie – nicht die Traintruppen – abzuschaffen, wurde vor allem bei der ländlichen Bevölkerung schlecht aufgenommen, deren Begeisterung für die Landesverteidigung immer auch etwas mit dem «Eidgenoß» im Stall zu tun hatte.

380 gepanzerte Ungetüme

Der «Leopard». Die Panzertruppen sind unsere wichtigste Gegenschlagswaffe. Und die 1985 bestellten westdeutschen Leopard-2-Kampfpanzer sind auch überaus bewegliche Monster. Trotz ihrer 55,2 Tonnen erreichen sie 72 Stundenkilometer und donnern problemlos über Hindernisse, Mauern, durch Gräben und bis 2,30 Meter tiefe Wasserläufe hindurch. Mit seiner 120-mm-Kanone, dem Kommandanten-Periskop und den Strahlen- und Giftgas-Schutzvorrichtungen ist der Leopard 2 die neue Sturmspitze der 12 Panzerbataillone in den drei Mechanisierten Divisionen. Jede Division wird über 120 Panzer verfügen, 20 dienen als Reserve.

Pscht! Teuerung eingerechnet, werden die neuen Kampfpanzer gut und gerne auf 4 Milliarden zu stehen kommen, das sind 666 Franken für jeden Schweizer Bürger, Säuglinge miteingerechnet. Der Kaufentscheid wurde 1984 vor allem aus finanziellen Gründen angefochten, und die Sozialisten murrten: «Die Schweiz braucht keine US-Army im Taschenformat.» In andern, vor allem Offizierskreisen hätte man es vorgezogen, die Leopard-Milliarden für die flächendeckende Einrichtung von panzerbrechenden Mitteln und Panzersperren einzusetzen.

Während der Kauf des Leopard zu wilden Presseschlachten Anlaß gab, wurde die Grundsatzdebatte über die Zukunft des Panzers nur ganz leise geführt... Wird der Panzer auf dem elektronischen Schlachtfeld von morgen überhaupt noch sinnvoll sein? Gewisse Experten sind davon überzeugt, andere weniger. Doch in der Schweiz haben die Skeptiker geschwiegen, um das System nicht zu stören, um nicht als Verräter dazustehen und um nicht das Geschäft der Handvoll Kritiker zu besorgen, die gar keine Waffen wollen.

Laut dem französischen General Etienne Copel ist «der schwere, von weitem sichtbare Kampfpanzer das bevorzugte Ziel einer Vielzahl leichter und getarnter Waffen geworden. Die beste Antwort auf den Panzer ist nicht mehr der Panzer, sondern die Panzerabwehrwaffe.» Copels «Schweizer Freunde» sind sprachlos über seinen Rat, statt Panzer zu kaufen ihre Gewehre mit Zielfernrohren und Schalldämpfern auszurüsten. «Die Waffen von morgen werden einfache, leichte und billige Waffen sein.»

Die Schweizer Militärs zitieren zur Verteidigung ihres Entschlusses die Generäle Uhle-Wettler (BRD), Spanocchi (A) oder Brossolet (F). Sie schätzen zwar die Bedeutung des Panzers unterschiedlich ein, sind jedoch alle der Ansicht, daß man nicht auf ihn verzichten kann. Schließlich haben Panzer die israelisch-arabischen Kriege entschieden, und zwar trotz des massiven Einsatzes von gegnerischen Panzerabwehrlenkwaffen.

Der Panzer wird also Rückgrat und Gegenschlagswaffe der schweizerischen kombinierten Verteidigung bleiben: «Natürlich käme den Sowjets die Durchquerung des schweizerischen Mittellandes wie ein Gebirgskampf vor, doch sie könnten dennoch mit zweitausend Panzern in der Tiefe vorstoßen. Der Wert unserer Verteidigung hängt weit mehr von der Zahl der Gegenschläge ab, zu denen wir fähig sind, als von den Sperren, die von den gegnerischen Panzern zerstört oder umgangen werden können.» Und man betont, daß der Leopard viermal schneller schießt als jede draht- oder funkgesteuerte Panzerabwehrwaffe.

Letztes Argument des EMD: Über Panzer wird im internationalen Kräftevergleich exaktestens Buch geführt, sie sind also ein wichtiges Element der Abschreckung. Und sowohl die Nato- wie die Warschauer-Pakt-Staaten bauen ihre Panzerverbände nach wie vor aus.

Tausende von Arbeitsplätzen. In den Jahren 1992/93 werden alle 380 Leopard 2 bei der Truppe sein. Die ersten 35 Stück wurden ab Stange beim Münchner Hersteller Krauss-Maffei gekauft, die restlichen 345 Panzer werden in Schweizer Lizenz gebaut, und zwar sechs pro Monat. Das soll rund 13000 Mannjahren entsprechen. Von der Linken werden diese Zahlen allerdings bestritten. Fest steht, daß der Lizenzbau die Gesamtrechnung um rund 500 Millionen verteuert. Die Schweiz erwirbt damit jedoch technologisches Know-how und erhält ihre Unabhängigkeit im Rüstungsbau.

Eines ist gewiß: Panzer können nicht ohne Unterstützung durch die Artillerie, durch moderne Kampfflugzeuge oder -helikopter eingesetzt werden. Dieser Feuerschutz ist heute bescheiden, da die Armee wegen fehlender Mittel den Kauf von Panzerabwehrhelikoptern vertagt hat. Die Beschaffung des Leopard hat in jedem Fall automatisch andere Bedürfnisse nach sich gezogen.

Die Schweizer Panzerstreitmacht. Neben den Leopard 2 besitzt die Schweiz heute noch 840 Kampfpanzer:

– 300 Panzer 55/57 «Centurion», die 1955, 1957 und 1960 von der britischen Firma Vickers gekauft wurden. Der Plan, die Centurion nach israelischem Vorbild einer Verjüngungskur zu unterziehen, wurde wegen der Kosten von 2 Millionen Franken pro Panzer inzwischen fallengelassen. Wahrscheinlich wird man jedoch – wenn der Leopard die Centurion ersetzt hat – die Kanonen in Befestigungen als stationäre Panzerabwehrwaffen einbauen. Die Karkassen werden vor allem als realistische Übungsziele Verwendung finden.

– 390 Panzer 68. Die Mängel dieser schweizerischen Eigenkonstruktion machen sie nur bedingt einsatzfähig. Das ist vor allem die Meinung von Divisionär Robert Haener, dem ehemaligen Chef der Mechanisierten und Leichten Truppen. Ein parlamentarischer Untersuchungsbericht bestätigte diese Kritik und forderte einen Kredit von 90 Millionen, um die Mängel bei den ersten drei Serien des Panzers 68 zu beheben (unbefriedigende Stabilisation der 10,5-cm-Kanone, schlechte Sicht usw.). 1981 wurden zusätzlich 14,5 Millionen für eine Fahrwerkanpassung zum Wenden an Ort bewilligt ... Trotz dieser Mängel hat das Parlament einen weitern Kredit von 108 Millionen für den Bau einer vierten Serie Panzer 68 freigegeben.

– 150 Panzer 61. Dieser ältere Bruder des Panzers 68 besitzt keine Rohrstabilisation, kann also nur aus dem Stand zielgenau feuern.

Zur Unterstützung der Panzerformationen verfügen die Mechanisierten und Leichten Truppen auch über 1350 amerikanische Schützenpanzer M-113, die vor allem dem Transport der Panzergrenadiere dienen, sowie über Minenwerferpanzer 64. Und der Einsatz der verschiedenen Spezialpanzer geht schon aus ihren Namen hervor: Entpannungspanzer 56 und 65, Brückenpanzer 68, Geniepanzer 63, Kranpanzer 63, Kommandopanzer 63/73, Übermittlungspanzer 63 und Feuerleitpanzer 63.

Die Pfeilgranate. Der sowjetische Einmarsch in Afghanistan zeitigte für die schweizerische Verteidigung sofortige Folgen: die Verstärkung der Panzer-Feuerkraft. Im März 1980 verlangte die Freisinnige Partei mit allem Freimut, dessen sie fähig ist, «ein Geschoß, das die Stirnpanzerung von Panzern der neuern Warschauer-Pakt-Modelle zu durchschlagen vermag».

Für 76 Millionen werden deshalb 1981 israelische 10,5-cm-Pfeilgranaten gekauft. Bei einer Geschwindigkeit von 1450 Metern in der Sekunde konzentriert die Pfeilgranate eine gewaltige Energie auf einer extrem kleinen Fläche der Panzerung... ähnlich einem Reißnagel, der in eine Wand gepreßt wird. Abgesehen von der direkt in Israel gekauften Pfeilspitze aus einer Wolframlegierung werden die Geschosse in Schweizer Lizenz hergestellt.

Für den Panzerkampf geeignetes Gelände

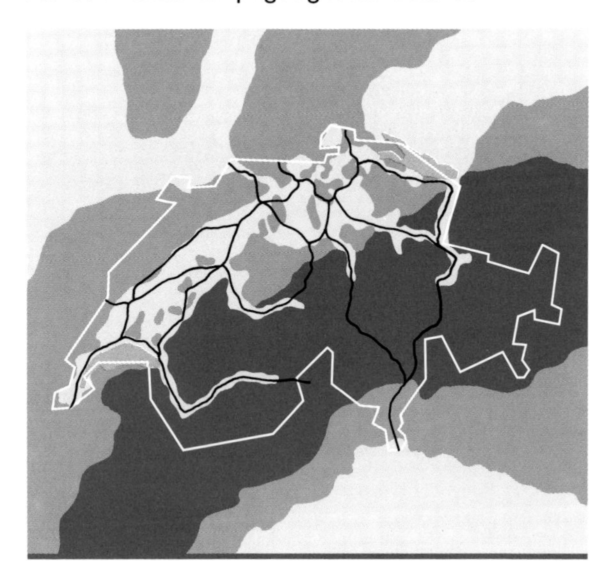

Im stark gegliederten Gelände der Schweiz ist der Einsatz von Panzern für einen Gegner nur beschränkt möglich. Diese Generalstabskarte zeigt, daß praktisch nur im Mittelland-Bogen mit feindlichen Panzerformationen zu rechnen ist.

Die Zeit der Panzerjäger

«Der Gegner, das ist zuerst einmal der Panzer!» Das Gelände unseres Landes kann noch so chaotisch sein, das ändert nichts an dieser Überzeugung unserer Strategen. Und da die Armee auch überzeugt ist, daß der «beste Feind des Panzers der Panzer ist», dotiert sie sich mit über tausend Panzern. Zweite Maßnahme ist die «Verstärkung» des Geländes: Autobahnen, Tunnel, Brücken – rund zweitausend Objekte auf wichtigen Verkehrswegen sind ständig für die Sprengung vorbereitet. Viertausend Panzersperren riegeln darüber hinaus jene Ebenen oder Engpässe ab, wo Panzerverbände bei ihrem Vorstoß durch das Mittelland durchbrechen könnten. Und zweitausend andere Befestigungen sind sogar mit fest installierten Panzerabwehrkanonen ausgerüstet.

Der Lenkwaffen-Panzerjäger Tow/Piranha. Für eine runde Milliarde kaufte die Armee 1986 310 Panzerjäger, auch Jagdpanzer genannt – ein original schweizerisches Modell, bei dem einfach der amerikanische Lenkwaffenwerfer Tow II auf den in der Kreuzlinger Mowag gebauten sechsachsigen und schwimmfähigen Panzerwagen Piranha montiert wird (die 12000 Tow-Lenkwaffen der US-Firma Hughes kosten rund 500 Millionen Franken). Bei seinem Washington-Besuch im Mai 1985 hatte EMD-Chef Delamuraz von den Amerikanern grünes Licht für dieses Rüstungsvorhaben bekommen: «Das bisherige Verhalten der Schweizer und ihr Streben nach militärischer Geheimhaltung haben bei unserer Entscheidung, ihnen die Tow II zu verkaufen, eine Rolle gespielt.»

Die Tow II ist nämlich ein hochmodernes Panzerabwehr-Lenkwaffensystem; das Geschoß ist mit einem Hohlpanzer-Sprengkopf versehen, der einen modernen Panzer ungeachtet der Sichtverhältnisse auf Distanzen bis 3,5 Kilometer aufspürt und vernichtet. Die Tow II darf auf keinen Fall mit dem Vorgängermodell Tow I verwechselt werden, bei dem es in den USA zu schwerwiegenden Funktionsstörungen kam.

Die Tow/Piranha-Panzerjäger werden zwischen 1989 und 1993 geliefert und auf 31 Kompanien verteilt, die die Infanterie und die Radfahrer verstärken werden. Sie sollen die auf Jeeps montierten Pak ersetzen, rückstoßfreie Panzerabwehrkanonen mit Kaliber 10,6 Zentimeter und 900 Meter Reichweite.

Ein Mann, ein Drachen. Neben der Flugwaffe, den Panzern und der Artillerie, die für den Panzerabwehrkampf eingesetzt werden können, verfügt die Armee auch über 2400 drahtgesteuerte Lenkwaffen, 1340 Panzerabwehrkanonen, Minen und 20000 Raketenrohre. Obschon das Rak-Rohr 1980 letztmals «aufgemotzt» wurde, ist es doch recht veraltet. Deshalb haben die Schweizer Drachen gekauft... besser gesagt die Boden–Boden-Panzerabwehrlenkwaffe 77 Dragon. Sie soll die Panzerabwehrmittel der Auszugs- und Landwehrfüsiliere sowie der Radfahrer verstärken. Jedes Füsilierbataillon wird mit 18 Dragon ausgerüstet.

Das abschußbereite Gerät wiegt nur 14,5 Kilo, kann von einem einzelnen Mann bedient werden und eignet sich deshalb hervorragend für den Kampf aus dem Hinterhalt und für Jagdpatrouillen. Die praktische Schußweite beträgt 65 bis 1000 Meter. Ein Nachteil: Der Schütze muß die Lenkwaffe bis ins Ziel steuern, während 5 bis 10 Sekunden. Und das reicht einem feindlichen Panzer längst, um ihn zu treffen, sofern die Besatzung den Abschuß registriert hat.

Der Dragon wird von der US-Firma McDonnell-Douglas hergestellt. Wirkungsvollere «Raketen» und eine dritte Dragon-Serie (Kostenpunkt: 500 Millionen Franken) werden heute in Schweizer Lizenz durch ein Konsortium von hundert Firmen produziert. Sie arbeiten mit einer derartigen Perfektion, daß heute auch die USA zu ihren Kunden zählen.

Bei Kosten von 10 000 Franken pro Lenkwaffe kommt jeder Panzerabwehrlenkwaffensoldat jedes zweite Jahr einmal zum Schuß. Sonst muß er sich mit dem Üben am Schießsimulator begnügen.

Alte Röhren & Co. Seit den sechziger Jahren wurde die Zahl der Rak-Rohre in den Infanteriebataillonen der Feldarmeekorps verdoppelt: von 27 auf 54. Insgesamt besitzt die Armee 20000 dieser Hohlpanzerraketen-Werfer. Obschon das Rak-Rohr gegen die neue Verbundpanzerung moderner Panzer nicht mehr viel ausrichten kann, erbringt es mit seitlichen Treffern, gegen ältere Panzer oder andere gepanzerte Fahrzeuge durchaus noch Wirkung. 1976 verzichtete das EMD darauf, die alten Rohre durch neuere Modelle wie das schwedische «Carl Gustav» oder das französische «Strim»-System zu ersetzen. Dieses Rüstungsvorhaben ist auf die neunziger Jahre verschoben. In den nächsten Jahren sollen übrigens auch neue Panzerminen zum Einsatz kommen.

Adats, das Schweizer «Wunder»

Im Sommer 1980 werden aus ungenannt bleibender Quelle Informationen an Parlamentarier und Presseleute verschickt, in denen das britische Flablenkwaffensystem Rapier kritisiert wird. Im Oktober eröffnet das EMD eine Untersuchung gegen den Verfasser des Schriftstücks, einen Angestellten der Oerlikon-Bührle, der mit dem Adats-Projekt beschäftigt ist. Der Mann wird entlassen und wegen Verletzung militärischer Geheimnisse verfolgt, sein Arbeitgeber behält eine weiße Weste.

Bei dieser Affäre haben die Schweizer zum erstenmal etwas von Adats erfahren. Dieses auf einem Panzerfahrzeug montierte Flablenkwaffensystem kann auch gegen Panzer eingesetzt werden. Die Werfer-Lafette hat acht Lenkwaffen für den Boden–Luft- und Boden–Boden-Einsatz mit 8 Kilometer Reichweite und dreifacher Schallgeschwindigkeit. Zum System gehören außerdem ein hochmodernes Suchradar und ein elektrooptisches Feuerleitgerät, das die Lenkwaffe mittels Laserstrahl äußerst präzis ins Ziel steuert.

Während einer Periode recht unbefriedigender Betriebsergebnisse hat Oerlikon-Bührle rund 600 Millionen Franken in die Entwicklung des Adats-Systems gesteckt und dabei mit der amerikanischen Firma Martin Marietta Aerospace zusammengearbeitet.

Erfolg in Kanada. *Im April 1986 trägt der enorme Einsatz Bührles die ersten Früchte: Die kanadische Armee bestellt für eine Milliarde Franken 36 Adats-Systeme für den Schutz ihrer mechanisierten Nato-Truppen in Westdeutschland und Nordeuropa sowie der Stützpunkte Lahr und Baden. In diesem Fall wird Adats im Paket mit dem Feuerleitgerät Skyguard und den 35-mm-Flabkanonen geliefert. Dieses Fliegerabwehrsystem von Bührle ist auch in der Schweizer Armee im Einsatz.*

Mit der Lieferung an Kanada hat Bührle einen Fuß in der Tür der Nato, und deshalb verstärkt man das Werben vor allem in den USA, die das Adats-System mit Interesse prüfen, aber auch in Saudi-Arabien und in der Türkei.

Die Flabtauglichkeit wurde 1984 in Florida und New Mexico gegen Sabre-Jets, Helikopter und Panzer getestet: Die Trefferquote war äußerst zufriedenstellend. 1985 wurde Adats von Schweizer Flabsoldaten evaluiert, weil man wissen wollte, ob es überhaupt miliztauglich sei.

Bei Bührle gibt es keinen Zweifel: «Adats wäre die beste Ergänzung der Skyguard/35-mm-Flabkanonen-Systeme, die von den Schweizer Fliegerabwehrtruppen eingesetzt werden. Die kanadische Evaluation hat das bewiesen.»

Alle Füsiliere werden für den Angriff und den Handstreich ausgebildet. Die Grenadiere – im Bild auf dem Schulgelände in Isone – sind auf diese Kampfform spezialisiert. Die rotweiße Fahne zeigt immer den Standort des vordersten Manns, damit jene, die von hinten Feuerschutz geben, mit dem vorgeschriebenen Sicherheitsabstand über die Köpfe der Vorrückenden hinwegschießen. «Feuer einstellen»! wird mit der roten Fahne signalisiert.

In den «Ruinen» in Isone üben die Grenadiere den Ortskampf. Dabei wird vor allem die Handgranate eingesetzt. Den Ortskampf mit scharfen Granaten (wenn auch ohne Splittermantel) kann man natürlich nicht in unsern Städten üben. Manche möchten allerdings, daß unsere Städte genausogut verteidigt würden wie die Berge... durch Wehrmänner mit hervorragenden Ortskenntnissen, die den Widerstand gründlich vorbereitet haben.
Der französische General Etienne Copel hat den Schweizern einen kurios wirkenden, aber durchaus ernstzunehmenden Rat gegeben: «Um die Effizienz dieses Volks von Schützen im Ortskampf zu steigern, müßte jedes Gewehr mit einem Schalldämpfer und einem Zielfernrohr ausgerüstet werden. Wer würde es wagen, in einer so verteidigten Stadt vorzurücken?»

Diese 1987 in der Grenadier-Rekrutenschule in Isone gemachten Aufnahmen zeigen, wie schnell und umfassend die Schweiz die Bewaffnung der Infanterie in den nächsten Jahren erneuern wird.

Diese drei Soldaten sind noch mit dem alten Sturmgewehr 57 ausgerüstet. Das leichtere und kürzere Sturmgewehr 90 ist 1987 bestellt worden.

Oben rechts: Dieser Grenadier übt den Flachschuß mit Gewehr-Hohlpanzergranaten. Sie sind gegen die neuen Panzerungen wirkungslos und könnten wegen Überalterung zu Schießunfällen führen. Deshalb werden sie abgeschafft.

Rechte Seite: Die Handgranate 43 wird ebenfalls «in den Ruhestand» versetzt, sobald die Lagerbestände aufgebraucht sind, und durch eine kleinere, sicherere und wirkungsvollere «Eiergranate» (HG 85) abgelöst. Auch der Flammenwerfer bleibt anscheinend nur noch wegen seines beachtlichen psychologischen Effekts im Einsatz.

Fazit: Bei der Infanterie tut sich etwas. Bereits ab 1991 werden viel leichter und besser ausgerüstete Soldaten dieses «feindliche Widerstandsnest» in Isone stürmen und säubern.

Die Infanterie darf sich durch die vielfältigen Hindernisse unseres Landes nicht aufhalten lassen. Hier setzt ein Füsilierzug mit Schlauchbooten über einen Fluß. Das geht leiser und schneller als mit einer Pontonbrücke. Die Pontoniere verfügen außerdem noch über Kähne mit Außenbordmotor für 12 und 17 Mann Besatzung. Die Schweizer Armee hat einige Waffen und Ausrüstungen beibehalten, die technisch veraltet erscheinen mögen, aber unserem Gelände hervorragend angepaßt sind. Zum Beispiel die Radfahrer: Diese Verbände der Leichten Truppen können sich pro Tag in aller Stille um 120 Kilometer verschieben. Und wenn's bergab geht, sind sie schnell wie der Blitz.

Soldaten als Wächter der Alpen: Im Ernstfall würde ein Gegner höchstwahrscheinlich versuchen, mit Luftlandetruppen die strategisch wichtigen Punkte der Alpenübergänge zu besetzen. Und damit ist auch der Hochgebirgskampf wieder aktuell. Im Bild erklettert eine Gruppe Gebirgsinfanterie-Rekruten die Couronne de Bréona über dem Walliser Val d'Hérens.

Die Gebirgsinfanteriekompanien verfügen manchmal über einen Alpinzug, in dem Bergführer, Bergsteiger und andere Spezialisten für den Einsatz im Hochgebirge und Schnee zusammengefaßt sind. Hier montieren Gebirgsgrenadiere Strickleitern und Netze an einer Übungswand in Isone, um größeren Verbänden von Infanteristen den Durchgang zu ermöglichen. Andere Installationen dienen dem Überqueren von Schluchten und Wasserläufen. Bild 3 zeigt die «nepalesische», Bild 4 die «Tiroler» Methode.

Der «Leopard» trägt seinen Namen zu Recht: Wie ein reißendes Tier stürzt sich der schnelle Kampfpanzer mit ohrenbetäubendem Getöse auf sein vor Angst gelähmtes Opfer. Doch die Zeiten der Panzeraufmärsche in Viererreihen sind vorbei. Heute müssen sich auch diese stählernen Ungetüme tarnen, das Überraschungsmoment und die psychologische Schockwirkung ihrer daherdonnernden Tonnen und vernichtenden Feuerkraft nutzen. Und es ist heute kaum mehr möglich, Panzer ohne massiven Schutz und stetige Unterstützung durch Flugwaffe, Fliegerabwehr, Artillerie, Panzerjäger und Panzergrenadiere einzusetzen.

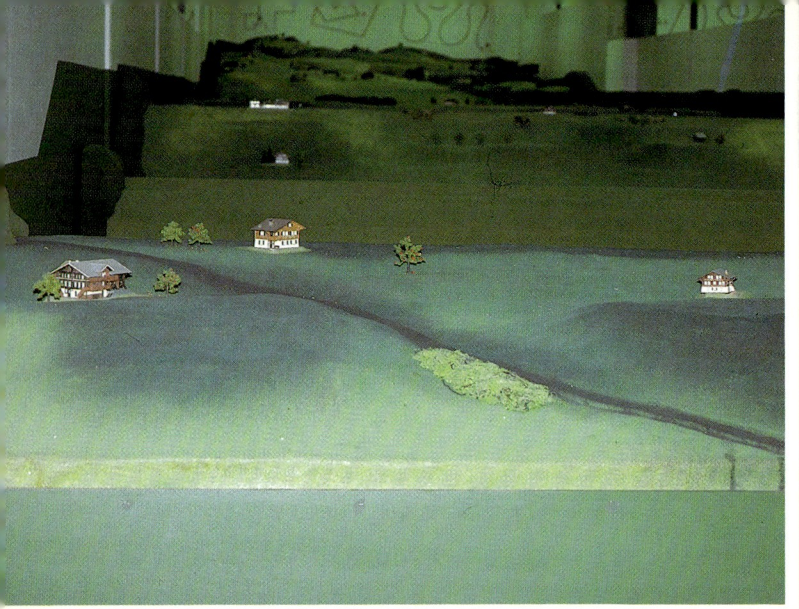

Sintro

Die kleine Schweiz ist zu stark überbaut, als daß schwere Waffen wie beispielsweise Panzer uneingeschränkt Platz zum Üben hätten – vor allem im scharfen Schuß. Das zwingt zum Training an computergesteuerten Simulatoren, den Sandkästen der Moderne.

Großes Bild links: Schießsimulator ELSAP für die künftigen Schweizer Rommel.

Links unten: Mit dem Simulator FASIP üben die Panzerfahrer straßenschonend und dieselsparend das Lenken ihrer stählernen Ungetüme. Auf dem Bildschirm des Fahrers rollt die Straße wie in Wirklichkeit ab.

An seinem Kontrollpult kann der Ausbilder die Leistungen seiner «Lehrlinge» überwachen und steuern.

Oben: Für die Panzertruppen ist das Schweizer Gelände ein Greuel. Dennoch überwinden die gepanzerten Kolosse mit Hilfe gutausgebildeter Spezialtruppen erstaunliche Hindernisse, zum Beispiel auch Seen. Hier schiffen Pontoniere einen Panzer 68 im Huckepackverfahren über die Seen.

Manchmal müssen Panzer einander helfen. Hier ist einer der Spezialpanzer zur Unterstützung der Kampfverbände, ein Brückenpanzer, in Aktion. Wie eine Schildkröte ihren Panzer, trägt er eine 18,20 Meter lange, mit 50 Tonnen belastbare Brücke auf dem Rücken. In 2 Minuten hat er sie vor sich über einen Wasserlauf gelegt und bahnt so der folgenden Kampfpanzerkolonne einen Weg. Nach ihrer Passage fährt er selbst über seine Brücke, holt sie in 3 Minuten wieder ein und prescht dann mit 55 Stundenkilometern erneut an die Spitze des Verbandes, einsatzbereit für die Überbrückung des nächsten Hindernisses. Die Armee besitzt außerdem mit Kranen, Flaschenzügen, Winden und Schaufeln ausgerüstete Entpannungspanzer, die beispielsweise manövrierunfähig gewordenen Kampfpanzern beistehen.

331

Die Panzerverbände werden stets von spezialisierten Infanteristen begleitet, den Panzergrenadieren mit ihren M-113-Schützenpanzern. Schützenpanzer können schwimmen und sind mit einer 20-mm-Kanone ausgerüstet. Eine Spezialversion ist der Minenwerferpanzer 64, der über ein 12,7-mm-Maschinengewehr und einen Minenwerfer mit 8 Kilometern Reichweite verfügt.

Panzersperren aus Beton sind nicht völlig veraltet: Diese «Toblerone»-Version wirkt durchaus zeitgemäß.

Im Bunker hinter der Panzersperre steht eine festeingerichtete Kanone bereit. Sobald der Panzer seine Fahrt wegen des Hindernisses verlangsamen oder gar anhalten muß, tritt sie in Aktion.

Von außen ist der Bunker mehr oder weniger gut getarnt. Diese Anlagen werden von den Angestellten des Festungswachtkorps unterhalten. Im Ernstfall würden sie dann von Festungstruppen bedient.

Lenkwaffen – im Bild die drahtgesteuerte Dragon – sind ideale Panzerabwehrwaffen, und viele Militärexperten sind der Meinung, ihr massiver Einsatz würde die Chancen angreifender Panzerverbände zum großen Teil zunichte machen. Dies um so mehr, als die Dragon eine ganze Reihe anderer Panzerabwehrwaffen ergänzt: Kanonen (Pak), Panzerjäger, Artillerie, Flugwaffe, Verminungen. Ein Schwachpunkt des «Drachens» ist, daß der Schütze die abgefeuerte Lenkwaffe, eine Hohlpanzergranate, über rund 5 Sekunden praktisch bis ins Ziel lenken muß. Das reicht der Panzerbesatzung völlig, um den Dragon-Trupp unter Feuer zu nehmen, vor allem, wenn die Lenkwaffensoldaten so schlecht getarnt sind wie bei diesem Demonstrationsschießen.

Viel billiger als Panzer, beweglich, schnell und schwimmfähig sind die Piranha-Panzerjäger mit ihrem Lenkwaffenwerfer Tow II. Auch sie verlassen sich auf das Überraschungsmoment. Ihre Taktik: Aus dem Hinterhalt auftauchen, schießen und schleunigst verschwinden.

Die Flugwaffe

Um den Auftrag zu erfüllen, den sie sich gestellt hat, will die Schweizer Armee einen neuen Abfangjäger kaufen, der mit einer ferngelenkten Luft–Luft-Rakete bewaffnet ist. Der Brocken wird bei 40 Maschinen zweifellos die 4 Milliarden für die 380 Leopard-Kampfpanzer übersteigen. Die neuen Maschinen sollen die Mirage ersetzen und ermöglichen, daß die Hawker Hunter «Mark 58» nach dreißig Dienstjahren in den Ruhestand versetzt werden können.

Hohe Kosten, komplexe Technologie, Wahl des Herstellerlandes: alle Komponenten für einen künftigen politischen Vulkan sind gegeben. Doch es wird wie üblich beim Brodeln bleiben. Ausspucken wird er die neuen Flugzeuge, ebenfalls wie üblich...

Das Hauptargument der Militärs: «Es ist höchst wahrscheinlich, daß eine kriegerische Handlung gegen unser Land mit einem Luftangriff begänne und daß bei jedem Krieg in Europa die eine oder andere der Parteien den Luftkorridor der Neutralen benützen würde.»

Zu Beginn der sechziger Jahre erschütterte die «Mirage-Affäre» die Schweizer Politik. Schuld daran war die miserable finanzielle, taktische und technische Vorbereitung des Vorhabens. Schließlich entschied sich das Parlament für die schlechteste aller Lösungen: es akzeptierte den Kauf von 57 Mirage für den Preis von... 100 Flugzeugen. Bei der Wahl des neuen Abfangjägers wird man sich zweifellos an diese Affäre erinnern. Ende 1986, nach Abschluß der ersten Evaluationsphase, blieben noch vier Flugzeugtypen im Rennen: die amerikanischen F-16 und F-18, die französische Mirage 2000 und vielleicht die schwedische Jas-39 Grippen. Die Weiterentwicklung der F-20 wurde 1987 eingestellt, ebenso wie jene des israelischen «Löwen» (Lavi).

Der elektronische Krieg. Die Flieger- und Fliegerabwehrtruppen sind mit Höchstgeschwindigkeit ins Zeitalter der elektronischen Kriegführung «geflogen». Dabei zeichnet sich am Horizont bereits der planetare, ja der Weltraumkrieg ab, mit einer Vervielfältigung der amerikanischen, sowjetischen und französischen Nuklearraketen, Spionagesatelliten, Super-Laserkanonen und ähnlichem. Und man spricht allenthalben vom Krieg der Sterne, von Antiraketen-Schirmen, die die Supermächte über ihren Territorien aufspannen könnten.

Seit 1965 hat die Schweizer Armee das Florida-System eingerichtet, mit dem der Luftraum weit über die Landesgrenzen hinaus überwacht werden kann. Das von den amerikanischen Hughes-Werken erworbene Florida-System soll ermöglichen, Armee, Zivilschutz und Bevölkerung rechtzeitig vor jedem Luftangriff zu alarmieren, Schutzmaßnahmen zu ergreifen und den Einsatz von Flugwaffe und Flab zu veranlassen. Daneben soll Florida die schweizerischen Lenkwaffen und Kampfflugzeuge leiten.

Das zuverlässige Florida-Überwachungssystem hat seine Jugendblüte längst hinter sich und kann gewisse Sektoren des Luftraums in toten Winkeln hinter Gebirgen nicht erfassen. Diese Mängel sind um so gravierender, als heute gerade Angriffe von tieffliegenden Flugzeugen oder Marschflugkörpern in Mode sind, um die gegnerische Radarüberwachung zu unterlaufen. Wie erfolgreich diese Taktik sein kann, hat der tollkühne junge Holsteiner Mathias Rust am 28. Mai 1987 zur Genüge bewiesen, als er nach einem Flug von rund tausend Kilometern über sowjetisches Territorium mit seiner kleinen, gecharterten Cessna F-172 auf dem Roten Platz in Moskau landete. Rust kannte die kleinen Schwächen der militärischen Radaranlagen.

Doch die Schweizer Armee hat nicht auf diesen Beweis gewartet. 1985 hat sie für 254 Millionen fünf Taflir-Fliegerradaranlagen gekauft. Diese Apparate machen gewisse Mängel des Florida-Systems wett und ermöglichen es, die Tiger-Raumschützer bei Operationen gegen tieffliegende Ziele zu leiten. Dank Taflir können auch die Rapier-Flablenkwaffen schneller eingesetzt werden. Taflir wurde von der amerikanischen Firma Westinghouse für die Schweiz entwickelt.

Grenzen des Möglichen. Wenn die Schweiz ihren Luftraum verteidigt, muß sie auch das «Passierenlassen» lernen. Der Kleinen Anfrage des Genfer Nationalrats Roger Dafflon (PdA), was der Bundesrat zu tun gedenke, wenn fremde Atomraketen den Schweizer Luftraum verletzen würden, war eine realistische Antwort beschieden: «Der neutrale Staat muß verhindern, daß Kriegführende sein Territorium für militärische Handlungen benutzen. Doch die Verteidigung des Luftraums stellt im Bereich der Waffentechnik besondere Schwierigkeiten. Heute ist kein Staat in der Lage, ballistische Waffen wirkungsvoll im Flug zu bekämpfen. Die Schweiz kann deshalb den Überflug ihres Territoriums durch solche Objekte nicht verhindern. Hingegen könnten die relativ langsam fliegenden Marschflugkörper vielleicht zerstört werden. Handelt es sich jedoch um Flugkörper, die mit Atomwaffen bestückt sind, stellt sich die Frage nach den Schäden, die ihr Abschuß über unserem Land verursachen könnte. Das Recht des Volkes, zu überleben, geht der Verpflichtung der Schweiz vor, ihr Territorium zu verteidigen.»

300 Flugzeuge, 110 Tiger. Der Tiger ist das jüngste Kind der helvetischen Flugwaffe, aber nicht das ungeschickteste. Wendig, schnell, mit extrem kurzem Kurvenradius und hoher Beschleunigung, ist der Tiger dennoch kein Kampfflugzeug der neuesten Generation. Er fliegt vor allem in Drittweltstaaten. Dabei muß man wissen, daß das hervorragende Können der Schweizer Piloten und ihre ausgezeichnete Geländekenntnis den technologischen Rückstand des Tiger durchaus wettmachen.

Aufgaben des Tiger sind die Bekämpfung von feindlichen Flugzeugen bis in eine Höhe von etwa 6000 Metern und der Schutz der Panzerverbände.

Das EMD kaufte 72 Tiger F-5E im Jahr 1976 (1,17 Milliarden) und 38 im Jahr 1981 (770 Millionen). Sechs Maschinen der zweiten Serie sind Zweisitzer; 90 der von den amerikanischen Firmen Northrop und General Electric (Triebwerke) konstruierten Vögel wurden im Flugzeugwerk Emmen (F + W) zusammengebaut. Die vor allem der Ausbildung dienenden Zweisitzer können ebenfalls als Jäger eingesetzt werden. Der Tiger ist miliztauglich, wird aber vor allem von den Berufspiloten des Überwachungsgeschwaders geflogen.

Die schweizerischen Tiger sind laufend verbessert worden. Bewaffnet sind sie mit zwei infrarotgesteuerten Luft–Luft-Raketen des Typs «Sidewinder» und zwei 20-mm-Kanonen mit einer Kadenz von 280 Schuß/min. Dank der Blind- und Nachtflugausrüstung ist der Tiger jederzeit einsatzbereit. Für den Erdkampf kann er auch mit 8-cm-Luft–Boden-Raketen von Oerlikon-Bührle und einer britischen 300-Kilo-Bombe ausgerüstet werden. Ein Radardetektor warnt den Piloten vor nahenden gegnerischen Luft–Luft- und Boden–Luft-Flugkörpern; er kann so die Bedrohung erkennen und angemessen reagieren.

1982 kaufte die Armee von der amerikanischen Firma Hughes in Arizona für 160 Millionen Franken Luft–Boden-Raketen des Typs Maverick. Die zur Verstärkung der Flugzeuge bei der Erdkampfunterstützung bestimmte Lenkwaffe kann auf über 20 Kilometer Distanz gegen Punktziele wie Panzer, Flab-, Artilleriestellungen usw. eingesetzt werden. Der Pilot bestimmt das Ziel auf einem Bildschirm und übermittelt so dem Suchkopf der Lenkwaffe die Koordinaten. Nach dem Abfeuern steuert das 110 Kilo schwere Geschoß sein Ziel selbständig an, während das Flugzeug auf den Stützpunkt zurückkehrt.

Um das gegnerische Radar zu täuschen, kann der Tiger-Pilot auch Metallbänder abwerfen, die einen elektronischen Schirm bilden. Und wenn das Flugzeug von einer Lenkwaffe mit Infrarotkopf angegriffen wird, die der Hitze des Triebwerks folgt, kann er versuchen, sie mit ausgestoßenen Fackeln in die Irre zu führen.

Die Mirage. Die 1966 gekauften 57 Mirage III S sind bereits über zwanzigjährig. Dennoch wurden 1985 nicht weniger als 143 Millionen Franken für die Kampfwertsteigerung dieser Abfangjäger aufgewendet, die vor allem im oberen Luftraum zwischen 3000 und 15 000 Metern Höhe operieren. Nach der vorgesehenen Indienststellung eines neuen Kampfflugzeugs wird die Mirage ihren Auftrag als Abfangjäger abgeben. Doch sie wird noch mindestens bis zum Jahr 2000 im Einsatz bleiben und den Hunter als Erdkampfflugzeug bei der Unterstützung der Bodentruppen ersetzen.

Nach dem Vorbild des israelischen Kfir wird die Schweizer Mirage relativ tiefgreifend verändert. Seit 1985 baut das Flugzeugwerk Emmen hinter dem Cockpit sogenannte Entenflügel und an der Flugzeugnase kleine Leitflächen als Stabilisatoren ein. Die neue Mirage kann dank dieser aerodynamischen Verbesserungen größere Anstellwinkel erreichen und viel engere Kurven fliegen. Hinzu kommen Verbesserungen am Schleudersitz und tiefgreifende Erneuerungen an Tragflächen und Treibstofftanks. Bewaffnung und elektronische Ausrüstung sind jenen des Tiger vergleichbar, so daß die Mirage durchaus für den modernen Luftkampf gerüstet ist.

Hunter und Pilatus PC-7. Zwischen 1958 und 1974 beschaffte die Schweiz insgesamt 160 Hawker Hunter F Mark 58/58 A, von denen heute noch rund 130 übriggeblieben sind. Der Kampfbomber wird nun fast ausschließlich für die Unterstützung der Bodentruppen eingesetzt und soll in den neunziger Jahren durch die Mirage abgelöst werden. Auch die Leistungen des Hunter wurden laufend verbessert. Bewaffnet ist er mit Kanonen, Bomben, Raketen und Maverick-Lenkwaffen.

Die 40 Turboprop-Schulflugzeuge Pilatus PC-7 wurden 1981 für 110 Millionen Franken erworben, um teure Jet-Flugstunden einzusparen. Laut Angaben der Armee konnten seither mit dem bei den Pilatus-Flugzeugwerken Stans gebauten Turbotrainer rund 2000 Flugstunden auf den lärmigen De Havilland DH-115 Mk 55 Vampire eingespart werden. Bisher sind die Schweizer Piloten nach dem Schulflug mit dem PC-7 auf den zwischen 1953 und 1967 gekauften Vampire-Uraltjets ausgebildet worden. 1987 hat die Armee für 400 Millionen Franken 20 Hawk-Düsentrainer der British Aerospace gekauft. Der Hawk hatte in der Evaluation über den durchaus ebenbürtigen, aber teureren französischen Alphajet gesiegt. Den Ausschlag gab vielleicht auch, daß die Briten rechtzeitig vor dem Entscheid den Verkauf von 30 PC-9 an Saudi-Arabien förderten. Schließlich gönnt man ja auch der Schweizer Industrie etwas... Die Hawk werden 30 bis 40 Jahre Dienst tun und können bei Bedarf als leichte Erdkampfflugzeuge oder Raumschützer im unteren Bereich eingesetzt werden.

Das Überwachungsgeschwader. Das 1941 auf Anordnung General Guisans geschaffene Überwachungsgeschwader (UeG) kontrolliert heute, dank Florida & Co., unsern Luftraum rund um die Uhr.

Das UeG hat 130 Berufskampfpiloten; die Armee verfügt zudem über rund 600 Milizpiloten. Nach sechs Jahren Dienst werden die UeG-Eliteflieger ganz in die Pilotenausbildung wechseln, eine Laufbahn als Testpilot bei der Gruppe für Rüstungsdienste oder als Werkpilot beim Bundesamt für Militärflugplätze einschlagen oder bei Swissair «landen». UeG-Piloten stellen auch die für ihre akrobatischen Flugkünste berühmte «Patrouille Suisse». Jagdpatrouillen durch enge Bergtäler und atemberaubende Steigflüge auf 22000 Meter Höhe gehören genauso zu ihrem Metier wie die taktische Erprobung von Flugzeugen und Ausrüstungen, die Erarbeitung flugtechnischer Verfahren und militärische Rettungsflüge mit Helikoptern. Das in Payerne stationierte Geschwader besteht aus zwei Mirage-III-S-, einer Mirage-III-RS-Aufklärer- und drei Tiger-II-Staffeln sowie einer Leichtfliegergruppe mit Helikoptern und Propellerflugzeugen sowie Beobachtern, Spezialisten und administrativen Mitarbeitern. Von den fast zweitausend Jungen, die sich jedes Jahr melden, um Militärpilot zu werden, schaffen es nur rund fünfzehn bis zur Brevetierung als Milizpilot; und nur etwa die Hälfte dieser Milizpiloten hat eine Chance, in einem fünfsemestrigen Lehrgang zum UeG-Kampfpiloten und Fluglehrer ausgebildet zu werden.

Zweikämpfe und Unfälle. Die Schweizer Militärflieger haben die Luftkämpfe im Vietnam- und in den israelisch-arabischen Kriegen, in denen westliche Kampfflugzeuge sowjetischen MiG gegenüberstanden, aufmerksam verfolgt, ohne die Lektion jedoch sofort zu lernen. Die Zweikämpfe endeten praktisch immer in einer Art Karussell: Siegreich im treffend *dogfight* genannten Turnier war, wer schneller wenden und den andern «in den Schwanz beißen» konnte.

Eine Delegation der israelischen Luftwaffe zeigte sich 1980 bei einem Besuch vom fliegerischen Können unserer Piloten im Gebirge beeindruckt, bezweifelte jedoch die Chancen der Schweizer Flugzeuge im offenen Luftraum. Jetzt lernte man die Lektion schnell: Die jungen Piloten üben heute Wenden, Tauchen, Steigen, aus der Sonne angreifen wie in den Luftkämpfen früherer Zeiten im Zusammenspiel zweier oder mehrerer Flugzeuge. Gründlichste Ausbildung der Piloten ist die einzige Möglichkeit, die Siegeschancen der Tiger-Raumschützer gegenüber Gegnern mit modernerem Fluggerät zu erhöhen. Und angesichts dieser höheren Anforderungen wird es vielleicht in zwanzig Jahren kaum noch Milizpiloten in der Schweizer Jagdfliegerei geben.

Das Dogfight-Training hat aber auch unerfreuliche Konsequenzen: Allein 1981 stürzen acht Maschinen ab. Doch seit 1947 hat ja die Schweizer Flugwaffe schon einiges erlebt. In vierzig Jahren gingen rund 250 Flugmaschinen aller Art verloren... manchmal in richtigen Pechsträhnen: 1951 stürzen sechzehn Maschinen verschiedenen Typs ab, 1960 elf, 1965 zehn. Seit 1958 gab es 65 Tote. Und 1987 verlor die Flugwaffe bereits den siebenten Tiger.

Trotzdem: Vergleicht man Unfälle und Flugstunden, schneidet die Schweizer Aviation weit besser ab als alle ausländischen Luftwaffen.

Während ihrer Ausbildung werden die Schweizer Piloten für Schießübungen nach Schweden verlegt, und seit 1985 trainieren sie den Überschallflug unter 10000 Meter Flughöhe (in der Schweiz untersagt) über dem Mittelmeer westlich von Sardinien. Ein Pilot muß mindestens acht bis zehn Einsätze in Überschallgeschwindigkeit geflogen haben, um die erforderlichen extrem schnellen Reflexe zu erwerben. Auf dem Stützpunkt Decimomannu, einer der besten Luftkampfschulen der Welt, können die Schweizer Piloten zudem modernste Flug- und Luftkampfsimulatoren benutzen. Decimomannu gehört den Italienern, die elektronischen Einrichtungen werden jedoch von einer US-Firma betrieben.

Der Kampfwert der Fliegerei wird auch durch technische Mittel gesteigert. Dank den elektronischen Systemen Ted und Flint können die Maschinen schneller und besser eingesetzt und die Verbindungen zu den andern Truppengattungen sichergestellt werden.

Helikopter: die Mode ändert. 1980 wollten die Schweizer Militärs nichts vom Leopard wissen, wenn nicht auch Panzerabwehrhelikopter zum Schutz der kostspieligen Tanks vor Überraschungsangriffen beschafft würden. Heute, mit dem Leopard, haben sie es nicht mehr so eilig. Sie trauen dem Kampfhelikopter nicht so recht, ist er doch viel verletzlicher und teurer als vorgesehen.

Anderseits beklagt sich die Gebirgsbrigade bitter über den Verzug in Sachen Transporthelikopter: Solche Maschinen würden ihre Beweglichkeit verzehnfachen. Bereits 1979 sprach Bern davon, 15 Helikopter mit 65 Mann Transportfähigkeit zu beschaffen. Zum Trost kauft sie 1986 drei Super-Puma der französischen Aérospatiale in Toulouse. Jede der 250 Stundenkilometer schnellen Superkatzen kann 18 vollausgerüstete Grenadiere transportieren. Kostenpunkt des ganzen Beschaffungsprogramms: 46 Millionen.

Zwischen 1958 und 1973 hatte die Armee bereits eine Hundertschaft französischer Strahltriebwerk-Helikopter in Dienst gestellt: die Alouette II und III. Zusammen mit den Pilatus-Porter-Turboprop-Transportern bilden sie die Leichtfliegerstaffeln, die Verbindungs-, Rettungs- und Transporteinsätze fliegen.

Übrigens: Der immer aufwendigere Unterhalt der Helikopter, Flugzeuge, Raketen, Radaranlagen, Kavernen und geheimen Militärflugplätze wird längst nicht mehr nur der Miliz überlassen. Für Kontinuität in diesem Bereich sorgt das Bamf, das Bundesamt für Militärflugplätze mit seinen rund 2800 Beamten und Angestellten.

Fliegende Spione

Miniaturspionageflugzeuge, sogenannte Drohnen, könnten die militärische Aufklärung revolutionieren und sind eines der Elemente des elektronischen Kriegs, die das Schlachtfeld von morgen völlig verändern werden. Im März 1985 unternahm das EMD – beziehungsweise das Bamf – erste Versuche mit der Aufklärungsdrohne Scout, die von Israel Aircraft Industries hergestellt wird und sich in den israelisch-arabischen Auseinandersetzungen bewährt hat.

Das funkgesteuerte Kleinflugzeug mit 5 Metern Spannweite kann stundenlang in der Luft bleiben und die von einer Fernsehkamera gelieferten Bilder beispielsweise eines Frontabschnitts an die Auswertungsstelle im rückwärtigen Bereich übermitteln (man spricht bereits von Kameras, die auf über 80 Kilometer Distanz selbst noch Handbewegungen aufzeichnen können). Zudem werden die Winzlinge vom feindlichen Radar nur mit Mühe erfaßt. Einen Nachteil haben die Scout jedoch: Sie sind sehr laut, und das ist für Spione eher unangenehm ...

Auftrag der Drohnen: den Kommandanten über die gegnerischen Bewegungen unterrichten, das Zielgebiet beobachten, das Feuer der Artillerie und Flugwaffe leiten und die andern Truppenverbände über die feindlichen Absichten informieren.

Um diese neuartigen Geräte unter den eigenen meteorologischen Bedingungen zu erproben, wurden 1985 vier Scouts und zwei mobile Leitstellen für die Steuerung der Drohnen und den Empfang der Fernsehbilder gekauft. Leider stürzte eine Drohne bereits bei den ersten Versuchen ab, eine zweite einige Wochen später. Dennoch erklärten sich die Militärs von der neuen Entwicklung äußerst befriedigt. Die Schweiz wird zweifellos Drohnen beschaffen, fest steht nur nicht, ob es unbedingt die israelischen «Pfadfinder» sein werden. Arabische Drohungen vor dem Kauf der vier Kleinflugzeuge sind zumindest ein Hinweis, daß Israel als Waffenlieferant schweizerischen Interessen im Nahen Osten nicht unbedingt förderlich ist.

Der 150 Kilo schwere Scout mit seinen 7 Stunden Maximalflugzeit und einer Reichweite von 50 Kilometern ist übrigens nicht mit einem andern Miniaturflugzeug der Schweizer Armee zu verwechseln: der KZD-85, die ganze 33 Kilo wiegt, 30 Minuten und maximal 2 Kilometer weit fliegen kann. Die Kleinzieldrohne dient der Flab bei Richtübungen als Zielflugzeug und spart damit teure Jet-Flugstunden.

Ebensowenig darf man die Drohnen mit den Ultraleichtflugzeugen verwechseln, wie sie vor allem im Ausland im Motorflugsport immer beliebter sind. Der Irak, Sudan und Saudi-Arabien haben bereits eine mit Raketen bestückte militärische Version dieser ULF bestellt. Die Minibomber sind hundertmal billiger als eine Mirage, und deshalb verfolgt die Armee auch diese Entwicklung aufmerksam.

Die Flugwaffe beim Schießtraining.

Der Hunter ist ein Erdkampfbomber. Hier wird der Angriff auf eine feindliche Transportkolonne geübt.

Der Staffelführer signalisiert mit Leuchtspurmunition die genaue Lage der Ziele.

Volltreffer!

V-632
CARRERA

Die Fallschirmgrenadiere der Schweizer Armee sind ausnahmslos Freiwillige und in einer einzigen Kompanie zusammengefaßt, die den Fliegertruppen angegliedert ist. Hier üben sie den Formationssprung im Himmel über Payerne.

Die Alouette III haben gerade genug Transportkapazität, um Spezialaufträge mit Stoßtrupps von fünf bis sechs Mann zu fliegen.

Die neuen Superpuma können 18 vollausgerüstete Soldaten oder mittelschweres Material transportieren. Sie erhöhen die Beweglichkeit der Gebirgstruppen in beträchtlichem Maß. Nur: Die Riesenhornissen wären im Ernstfall äußerst verletzlich.

Die Aufklärungsdrohne Scout im Flug. Das unbemannte Kleinflugzeug wiegt 150 Kilo und kann während 7 Stunden in der Luft bleiben.

Die Fernsteuerung ähnelt jener von Modellflugzeugen, nur sind die Steuermänner vielleicht noch konzentrierter bei der Sache.

Die im Boden der Drohne eingebaute Kamera übermittelt dem Mann im Empfängerwagen äußerst präzise Bilder, die sofort ausgewertet werden können.

Die Drohne mit der mobilen Bodenstation für Empfang und Weiterverarbeitung der übermittelten Bilder (im Hintergrund).

Der Schild gegen den Himmel

Für die Verstärkung der schweizerischen Fliegerabwehr haben unsere Strategen mindestens fünf gute Gründe:

- In einer Armee, die erklärtermaßen nur der Verteidigung dient, soll diese Defensivwaffe par excellence besonders stark sein.
- Die Bedrohung aus der Luft nimmt ständig zu; Überraschungsangriffe mit gepanzerten Kampfhelikoptern gehören zu den wahrscheinlichen neuen Bedrohungsarten, wie der Afghanistankrieg zeigt.
- Die jüngste Taktik im Luftkampf sind Angriffe auf Wipfelhöhe, um die feindlichen Radars zu unterfliegen.
- Mit dem Verzicht auf die Reduitstrategie hat die Armee die Aufgabe, die Gesamtheit des Territoriums und besonders die Ballungsgebiete im Mittelland zu verteidigen.
- Starke schweizerische Panzerverbände sind wenig sinnvoll, wenn sie nicht von der Flugwaffe unterstützt und von einer starken Flab geschützt werden.

Die Flab ist wie die Flugwaffe ans Florida/Taflir-Überwachungssystem angeschlossen und wäre im Ernstfall eine Truppe der ersten Stunde, die die mobilisierenden Bodentruppen gegen Luftangriffe zu schützen hätte.

Der «Degen», der die Panzer schützt. Um die Panzer gegen die Bedrohung aus der Luft zu schützen, hat die Schweizer Armee zwischen 1975 und 1977 die M-113-Schützenpanzer der Panzergrenadiere mit 20-mm-Kanonen aus abgewrackten Venom-Düsenjägern bestückt. Die zu Flabgeschützen umfunktionierten Kanonen werden sogar mit einem neuen optischen Zielgerät ausgerüstet. Das reichte allerdings nicht, sind diese Kanonen doch nur wirkungsvoll, wenn sie in großer Zahl zum Schutz einzelner Objekte gegen Tiefflieger eingesetzt werden. Und die Einsatzdauer der Tiger, die die Panzer gegen Luftangriffe verteidigen sollen, ist notwendigerweise begrenzt. Deshalb stimmten die eidgenössischen Räte 1980 der Beschaffung des «Degen» zu: 60 Flablenkwaffensystemen «Rapier» von British Aerospace zum Gesamtpreis von 1,7 Milliarden Franken.

Mit den zugeteilten Rapier-Flabtruppen verfügen die Mechanisierten Truppen über ein mobiles, allwettertaugliches System zur Abwehr vor allem von Tieffliegern, die Panzerverbände attackieren wollen.

Eine Rapier-Feuereinheit läßt sich von zwei 6x6-Pinzgauer-Geländelieferwagen transportieren. Sie besteht aus einem Lenkwaffenwerfer mit vier Lenkwaffen, Zielfolgeradar, optischem Richtgerät, Zieldarstellungs- und Bedienungsgerät sowie Stromversorgungsaggregat. Ein dritter Pinzgauer führt Nachschubmunition und anderes Material mit. Die Feuereinheit wird von acht Flabsoldaten betreut; einmal aufgestellt, kann sie jedoch von einem einzigen Mann bedient werden. Die Lenkwaffe hat eine maximale Wirkungsdistanz von 6,8 Kilometern und eine Wirkungshöhe von 3000 Metern.

Mangels genügend großer menschenleerer Gebiete und angesichts der Kosten einer einzigen Lenkwaffe üben die Rapiersoldaten nie im scharfen Schuß, sondern an Simulatoren. Doch von Zeit zu Zeit werden die in Schweizer Lizenz hergestellten Geschoße doch auf ihre Effizienz überprüft: Rapier-Instruktoren feuern sie auf einem britischen Schießplatz in Schottland ab.

Kanonen mit Radaraugen: Skyguard/35-mm-Kanone. Das in der ganzen Welt eingesetzte 35-mm-Zwillingsflabgeschütz war einer der ganz großen Erfolge der Bührle-Waffenschmiede. Obwohl bereits 1963 entwickelt, kann das 6650 Kilo schwere Geschütz mit seinen zweimal 550 Schuß pro Minute den mittleren Luftraum bis 3000 Meter Höhe mit einem dichten Stahlhagel bestreichen. Um die Treffergenauigkeit zu erhöhen, hat die Armee die Flabkanone 63 mit ebenfalls von Bührle entwickelten Feuerleitgeräten 75 Skyguard aufgerüstet. Die zwischen 1976 und 1981 in Dienst gestellten 105 Feuerleitgeräte kosteten 724 Millionen Franken.

Skyguard überwacht selbsttätig den Luftraum, erfaßt das Ziel, berechnet blitzschnell die Vorhaltewerte und steuert das Zwillingsgeschütz entsprechend. Das allwettertaugliche Gerät verfügt zudem über eine Freund-Feind-Erkennung und besitzt eine hohe Festigkeit gegen elektronische Störmaßnahmen – die neue große Gefahr im modernen Krieg, welche komplexeste Systeme außer Gefecht setzen kann.

Insgesamt besitzt die Armee 1800 Flabkanonen: die bereits erwähnten 35-mm-Zwillingsgeschütze sowie 20-mm-Kanonen in Einfach-, Zwilling- und Drillingversionen für den Objektschutz, die teilweise in den Festungen installiert sind.

Bloodhound: der alte Wachthund. Seit bald 25 Jahren zeigen die Spitzen schlanker Boden–Luft-Lenkwaffen gegen den Schweizer Himmel. Es sind die BL-64 Bloodhound, die im Fall eines überraschenden Fliegerangriffs gegen die Schweiz als erste Waffe eingesetzt würden und der Flugwaffe Zeit für die Intervention verschaffen müßten.

1963 hatte das EMD 100 Hektaren Land gekauft und in der ganzen Schweiz verteilt – oft von weither sichtbar – die Stützpunkte für die festinstallierten Himmelswächter eingerichtet. Instruktoren überprüfen regelmäßig die Funktionstüchtigkeit der mächtigen Lenkwaffen, die von vier Feststoffraketen in die Höhe getragen und dann von zwei Staustrahltriebwerken auf doppelte Schallgeschwindigkeit gebracht werden. Nicht zuletzt dank den über dreihundert technischen Verbesserungen, die sie ausgetüftelt haben, sind die alten Bluthunde für angreifende Flugzeuge noch immer durchaus ernstzunehmende Gegner. Ihre Wirkungsdistanz ist geheim, aber «je nach Zielgröße und Zielgeschwindigkeit sehr groß». Als erster Schild der schweizerischen Flab sind die ans Florida-Überwachungsradar angeschlossenen Bloodhounds rund um die Uhr einsatzbereit. Neben der kleinen Truppe, die sie im Milizturnus bedient, sorgen 145 Ganztagsangestellte für die Bereitschaft des Bloodhound-Systems.

Um die Flab zu stärken beziehungsweise zu entlasten, überlegt man im EMD den Kauf von leichten Boden–Luft-Raketenwerfern, die von zwei Mann gegen tieffliegende Flugzeuge und Helikopter eingesetzt werden könnten. Solche Waffen haben ihre Effizienz im Afghanistankrieg bewiesen.

Die Artillerie: immer beweglicher

Die Armee besitzt 900 gezogene Feldgeschütze und vor allem 400 Selbstfahrgeschütze oder Panzerhaubitzen M-109, deren Rohre mit Kaliber 15,5 Zentimeter durch längere ersetzt wurden, um höhere Treffergenauigkeit zu erreichen und die Reichweite von 14,8 auf 18,2 km zu erhöhen. 1979 bewilligte das Parlament einen Kredit von 750 Millionen Franken für die Beschaffung einer zweiten Serie dieser Panzerhaubitzen, zum Stückpreis von 1,1 Millionen gegenüber 430 000 Franken pro Einheit der ersten Serie, die 1968/71 gekauft worden war. In der Rüstung scheint die Teuerung noch rasanter zu verlaufen als sonst.

Mit diesen Panzerhaubitzen ist die Artillerie der Mechanisierten Division vollständig mobil, während 50 Prozent der Artilleriegeschütze in den Felddivisionen noch gezogen werden müssen: Sie bestehen aus Kanonen und alten Haubitzen von 1946.

Eine Panzerhaubitze feuert ihre 43 Kilo schweren Granaten 17 Kilometer weit, die Kanone 35 und die Haubitze 46, beide mit Kaliber 10,5 Zentimeter, haben eine praktische Schußweite von 14 beziehungsweise 10 Kilometern.

Immer schneller. Wichtigstes Ziel der Artillerie: Immer schneller schießen und treffen... Seit 1987 benutzt man das Artilleriefeuerleitsystem Fargo, dessen Rechner die Schießelemente ermittelt. Über Funk oder Draht können die Daten auf den Bildschirm am Geschütz geholt werden. Kostenpunkt: 265 Millionen Franken.

Eine andere Verbesserung sind die 1985 für 60 Millionen Franken gekauften Lasergoniometer, mit denen Distanzen, Azimut- und Elevationswinkel sehr schnell gemessen werden können. Zusammen eingesetzt, ermöglichen Fargo und das Goniometer einen Treffer mit dem ersten Schuß, ohne zeitraubendes Einschießen. Für einen gezielten Schuß benötigt man ohne Fargo 13 Minuten, mit Fargo 7 und mit dem Fargo-Goniometer-System 2 Minuten 15 Sekunden. Zudem spart man 20 Prozent Munition.

Doch die Artillerietruppen haben noch andere Vorhaben: Für die Gebirgsbrigade möchten sie das britische Light Gun beschaffen, eine gezogene Kanone mit Kaliber 10,5 Zentimeter und einer wirksamen Reichweite von 17 Kilometern.

Außerdem prüft man ein Schießsystem und vor allem neue Munitionstypen, die moderne Panzerungen durchschlagen oder der M-109-Panzerhaubitze eine Reichweite von 40 Kilometern verleihen.

Seit 1986 hat die Armee über 300 Millionen Franken für die Modernisierung der 12-cm-Festungsminenwerfer ausgegeben, die ebenfalls zur Artillerie gerechnet werden können. Die in Betonsilos gesicherten verbesserten Minenwerfer verschießen Granaten mit Annäherungszünder, die kurz vor dem Aufschlag explodieren. Die Militärs meinen lakonisch: «Die Wirkung im Ziel ist bedeutend höher. Man spart also Munition.»

In der blühenden Freiburger Landschaft lauert eine Rapier-Lenkwaffeneinheit auf feindliche Flugzeuge, in ständiger Verbindung mit den viel leistungsfähigeren Radaranlagen des Florida/Taflir-Systems. In Militärfliegerkreisen ist man der Meinung, daß der Ausbau der Boden–Luft-Lenkwaffen den Luftkrieg völlig verändern könnte, da es immer riskanter würde, ein Ziel mit dem Flugzeug zu überfliegen. Die Folge: Moderne Kampfflugzeuge müssen über Waffensysteme verfügen, die ihr Ziel über sehr große Distanzen selbständig finden. Die Erfüllung dieser Anforderung ist weit wichtiger als Höchstgeschwindigkeit oder andere technische Superleistungen.

Bilder links außen: Ein Mirage-Abfangjäger.

Der Lenkwaffensoldat als Richtschütze.

Der Feuereinheitschef am Bedienungsgerät.

M-76055

Die 400 Panzerhaubitzen 74 oder M-109 sind das Rückgrat der Artillerie.

Eine getarnte Panzerhaubitze am Waldrand.

Der «Munitiönler» bereitet die Geschosse vor. Sie haben einen Durchmesser von 15,5 Zentimetern und wiegen die Kleinigkeit von 43 Kilo pro Stück.

Die Panzerhaubitze 74 mit ihrem langen Rohr und einer praktischen Schußweite von 17 Kilometern wurde aus der 1966 beschafften amerikanischen M-109-Originalversion mit kurzem Rohr entwickelt.

Die Besatzung einer Panzerhaubitze 74 (M-109) besteht aus 6 Kanonieren, einem Korporal und einem Fahrer; die Fahrerkabine befindet sich vorn im Panzerfahrzeug. Das Geschütz – hier mit geöffnetem Verschluß – feuert 43 Kilo schwere Granaten im Bogenschuß über eine praktische Schußweite von 17 Kilometern; im Flachschuß beträgt die Wirkdistanz 2 Kilometer. Ein solcher Treffer zerstört einen Panzer nicht unbedingt, doch dürfte die Besatzung den Aufprallschock kaum überleben: die Granate hat eine Anfangsgeschwindigkeit von 684 m/sec. Die Panzerhaubitze kann 29 Geschosse – Stahlgranaten, Rauchbrandgranaten oder Beleuchtungsgeschosse – mitführen. Die Granaten explodieren entweder beim Aufschlag oder sind mit einem Annäherungszünder für Splitterwirkung ausgestattet. Die Panzerung der M-109 schützt die Besatzung nur vor Splittern, nicht gegen Panzerabwehrgeschosse. Der entscheidende Vorteil des 25 Tonnen schweren Monsters ist seine Beweglichkeit (max. 56 km/h) beim Stellungswechsel.

Der Minenwerfer ist die Bogenschuß-Unterstützungswaffe der Infanterie. Mit andern Worten: Das auf eine Grundplatte gestellte Rohr ist die Artillerie der Füsiliere. Minenwerfer sind besonders wirkungsvoll bei der Bekämpfung gegnerischer Panzergrenadiere, die den Kampf zu Fuß aufgenommen haben. Die seit Mitte der siebziger Jahre in elf Infanterieregimentern (darunter allen Großen Verbänden des Gebirgsarmeekorps) eingeführten Schweren Minenwerfer mit Kaliber 12 Zentimeter werden in den nächsten Jahren auch bei den 27 Minenwerferkompanien der Feldarmee Einzug halten. 1987 kaufte die Armee für 33 Millionen Franken 320 zusätzliche Schwere Minenwerfer (und Munition für 288 Millionen), ein Beweis für die Bedeutung, die man dieser Waffe beimißt.

12-cm-Minenwerfer sind in vielen festen Stellungen eingebaut.

Die 8,1-cm-Minenwerfer der Infanterie (Bilder rechts) haben eine Reichweite von 4000, die Schweren Minenwerfer von 7500 Metern.

Frau Brigadier

Das Stimmrecht haben die Schweizerinnen 1971 erhalten, gleichen Lohn für gleiche Arbeit zehn Jahre später (zumindest im Prinzip). Und nochmals fünf Jahre dauerte es, bis die Militärdienst leistenden Frauen 1986 die gleichen Gradbezeichnungen tragen durften wie ihre Kameraden.

Obschon im Zweiten Weltkrieg 23 000 Schweizerinnen zu den Fahnen geeilt sind und als Sanitäterinnen, Ambulanzfahrerinnen und in vielen andern Funktionen dienten, mußte man bis zum 25. Januar 1986 warten, bis Brigadier Johanna Hurni in Bern 200 weibliche Offiziere jeden Grades zusammenrufen konnte. Es war der erste Rapport des neuen Militärischen Frauendiensts (MFD). Früher sprach man fast abschätzig vom FHD, vom Frauenhilfsdienst, die Frauen galten nicht als vollwertige Soldatinnen, geschweige denn als «Offizierinnen». Die Schaffung des MFD kommt einer eigentlichen kleinen Revolution gleich, vor allem rückblickend.

Während des Aktivdiensts im Ersten Weltkrieg wurden Frauen ausschließlich in den «Kriegswäschereien» eingesetzt, und zwar ohne Sold oder Versicherung. Das Militärwesen hielt nicht viel von Gleichberechtigung. Nur der Mann hatte das Recht, sich im Kampf töten zu lassen...

Heute sagt das EMD: «Die wachsende Beachtung der Frau im sozialen und beruflichen Leben macht eine neue Definition ihrer Stellung auf ziviler und militärischer Ebene notwendig. Es geht darum, die Freiwilligkeit zu fördern, ohne der Frau eine allgemeine Wehrpflicht gemäß Verfassung aufzuerlegen.» Diesen Schluß hat das EMD aus einer Umfrage gezogen, die 1986 veröffentlicht wurde: «62,1 Prozent der Schweizer und 66,3 Prozent der Schweizerinnen sind gegen eine stärkere Beteiligung der Frauen an der Landesverteidigung.»

Die freiwillig dienenden Schweizer Soldatinnen sind also keine Hilfsdienstler mehr. Doch die Armee wird sie nicht in den Kampf schicken. Die Israelis haben dieses Experiment zwar versucht, sind aber wieder davon abgekommen. Nicht weil die Frauen weniger mutig gewesen wären als die Männer, sondern weil diese es nicht ertrugen, ihre Kameradinnen fallen zu sehen. In der Schweiz meint Frau Brigadier Hurni: «Der Kampf erfordert ja doch viel Muskelkraft. Für Frauen wäre das hart. Das ist keine Frage der Ethik, sondern der Tatsachen.»

Tauben & Co. Nach einer Rekrutenschule von vier Wochen werden die Soldatinnen einer Einheit zugeteilt, bei der sie WKs und EKs absolvieren. Nach insgesamt 117 Diensttagen können die Soldatinnen den MFD verlassen oder sich für zusätzliche 96 Tage verpflichten. Und selbstverständlich würden sie im Aktivdienst aufgeboten.

Die Weiterausbildungsschulen bis zum Grad eines Obersten dauern 13, 20, 27 und 34 Tage. Auf Anfrage werden die Soldatinnen vom Dienst befreit, um «mütterlichen Pflichten nachzukommen» oder «pflegebedürftigen Familienmitgliedern beizustehen».

Doch anders als eine etwas einfältige Werbung glauben machen könnte, beschäftigen sich die Soldatinnen nicht ausschließlich mit den Brieftauben der Armee. (Damit sei nichts gegen diese wertvollen Vögel gesagt, die noch immer ein zuverlässiges «Transportmittel» für den Versand von Mikrofilmen über Distanzen unter 200 Kilometer sind. Man studiert übrigens die Möglichkeit, Tauben den Nachtflug beizubringen.) Die Soldatinnen dienen auch als Stabssekretärinnen, Fahrerinnen, Kuriere, Telefonistinnen, Spitalassistentinnen, Küchenhilfen, Postboten und anderes mehr. Eine wichtige Rolle spielen sie zudem in den Nachrichtendiensten, wo sie die Informationen empfangen, sichten, auswerten oder übermitteln.

Krankenschwestern unter den Fahnen. Neben den Angehörigen des MFD leisten noch rund 3000 Frauen im Rotkreuzdienst im Normalfall drei Truppenkurse von je 13 Tagen. Seit dem 1. Januar 1986 tragen sie ebenfalls dieselben Gradbezeichnungen wie die Männer.

Der Rotkreuzdienst (RKD) ist eine der wichtigen Aufgaben des Schweizerischen Roten Kreuzes. Dieses ist verpflichtet, den Sanitätsdienst der Armee durch die Rekrutierung, Ausbildung und Bereitstellung von freiwilligen Krankenschwestern oder anderem weiblichem Pflegepersonal zu unterstützen. Gewisse Linksparteien sehen darin eine indirekte Dienstpflicht für Frauen. Heute sucht der RKD dringend Personal, deckt doch der Ist-Bestand den Bedarf nur zu 30 Prozent.

Die Bundesbehörden werben intensiv für eine größere Beteiligung der Frauen an der Gesamtverteidigung: Der MFD möchte seinen Bestand von 2700 auf 3500 Angehörige erhöhen, die Rotkreuzdetachemente von 3000 auf 10000 und der Zivilschutz von 20000 auf 120000.

Der Bundesrat schließt denn auch eine obligatorische Ausbildung für Frauen nicht aus (eine Woche plus drei fünftägige Wiederholungskurse alle zehn Jahre). In dieser Ausbildung würde aber vor allem das Überleben in Not- und Kriegszeiten, das Verhalten in Schutzräumen, Schutzmaßnahmen gegen Atom- und chemische Waffen sowie Erste Hilfe gelernt.

Bereits 1981 hatten die Sozialdemokratinnen gegen 18 Varianten opponiert, die die Chefin der FHD-Ausbildung, Andrée Weitzel, vorgeschlagen hatte. Ihr Argument: «Der Bericht Weitzel bezieht sich auf die militärische Bedrohung, aber wir wollen für die Sicherheit in einer Umwelt arbeiten, in der sich der Mensch entfalten kann. Wir lehnen die Einbeziehung der Frau in das durch den Rüstungswettlauf erzwungene absurde System ab; wir sind bereit, für die Schaffung des Friedens zu arbeiten.» Die Antwort von Andrée Weitzel: «Ich bin überzeugt vom Recht der Frau, auf alles vorbereitet zu sein, was irgendwann geschehen kann. Mein Bericht vertritt durchaus die Sache der Frau!»

Seit die Schweizer Gesetzgebung die Gleichberechtigung der Geschlechter, die gleichen Rechte und Löhne für Männer und Frauen festgeschrieben hat, fragen sich manche, warum die Frauen nicht auch die gleiche Wehrpflicht zu leisten hätten. Andere, mit andern politischen Ansichten, sind verwundert über den Umstand, wieso die Männer nicht nach dem Beispiel ihrer Gefährtinnen von dieser Pflicht entbunden werden.

Eine Soldatin am Telex. Die technologische Entwicklung vor allem im Übermittlungsbereich dürfte den Freiwilligen des Militärischen Frauendienstes (MFD) vielfältige Aufgabenbereiche erschließen.

Fürs Durchhalten: die Logistik

Die Logistik der Schweizer Armee, das sind 11 000 zivile Angestellte und 135 000 Soldaten der verschiedenen Truppengattungen, die überwiegend in den «Territorialzonen» eingeteilt sind. Die Kosten für die Logistik belaufen sich auf rund 800 Millionen Franken pro Jahr, und 175 Unternehmen arbeiten für die Aufrechterhaltung der Verteidigung. Die getätigten Investitionen für Bauten und Ausrüstung werden auf rund 13 Milliarden Franken geschätzt.

Wie das Geld, ist auch die Logistik der Lebensnerv des Krieges. Eine Armee ohne Logistik wäre schlicht für die Katz. Und in diesem Bereich kann sich der helvetische Perfektionismus so richtig ausleben.

Unter dem Begriff Logistik werden alle Maßnahmen und Mittel zusammengefaßt, die es einer Truppe ermöglichen, ihren Auftrag zu erfüllen und durchzuhalten. Damit beginnt sie bereits im Heim jedes Wehrmanns, wo sich Ausrüstung im Wert von 4000 Franken befindet (Waffe, Rucksack, Uniform, Schutzmaske usw.)

Neben den zahlreichen zivilen Unternehmen, die für die Armee arbeiten, gibt es auch sechs eidgenössische Betriebe: 6000 Arbeiter stellen dort Waffen her (Thun und Bern), aber auch Munition (Thun und Altdorf), Pulver (Wimmis) und Flugzeuge (Emmen). Siebentausend weitere Bundesangestellte arbeiten in den 57 Zeughäusern und 8 Automobilparks (AMP) der Eidgenössischen Kriegsmaterialverwaltung, der großen Unterhaltsfirma des EMD. Hinzu kommen die Munitions- und Materiallager, die Vorratshaltung und anderes mehr.

Die Schutzengel. Zahlreiche Truppen sorgen dafür, daß die gewaltige Militärmaschinerie rund läuft. Sie gehören eigentlich nicht zur Logistik, ihre Unterstützung ist jedoch für die kämpfende Truppe unentbehrlich.

– Das sind die *Genietruppen* mit ihren Sappeuren, Pontonieren, Mineuren und verschiedenen anderen Spezialisten. Die Genietruppen ermöglichen oder erleichtern den eigenen Truppen die Bewegungen, indem sie Verkehrswege bauen oder offenhalten. Anderseits erschweren oder verunmöglichen sie die Bewegungen des Gegners durch Hindernisse aller Art. Im Gebirge erstellen sie Seilbahnen, und die Geniepanzer räumen oder überwinden Hindernisse.
– Das sind die *Übermittlungstruppen*, die in allen Truppengattungen und auf allen Stufen anzutreffen sind. Ohne ein leistungsfähiges Fernmeldenetz – ob mit Draht-, Funk- oder Richtstrahlverbindungen – zwischen den einzelnen Waffengattungen und Truppenverbänden könnte der Kampf im modernen Krieg nicht geführt werden. Die Übermittlungstruppen sind für die Verbindungen der höheren und mittleren Führung verantwortlich und erstellen oder betreiben die Übermittlungsnetze vom Armeekommando bis hinab zu den Regimentern. Im elektronischen Krieg immer wichtiger wird dabei die Verschleierung der Funkübermittlungen.
– Das sind aber auch die *Festungstruppen*. Sie sind eigentlich eine eigene Armee im kleinen, mit Infanteristen, Mitrailleuren, Kanonieren, Nachrichtensoldaten, Luftbeobachtern, Werkschutzsoldaten und anderen Spezialisten mehr. Sie haben den Auftrag, große und kleine Festungen zu unterhalten (im Frieden besorgt dies das Festungswachtkorps) und im Ernstfall zu verteidigen, um die wichtigen Einfallsachsen zu sperren.

Die Logistik. Ebenso unersetzlich für das Überleben des schweizerischen Verteidigungssystems sind die eigentlichen Logistiktruppen:
– Der *Luftschutz*. Die mit mächtigen Baumaschinen und Feuerwehrgeräten ausgerüsteten Luftschutztruppen helfen im Ernstfall der von Bombardements oder andern Verwüstungen betroffenen Bevölkerung.
– Der *Territorialdienst*. Im aktiven Dienst sichert er die Verbindung zwischen Armee und Zivilbevölkerung. Er warnt die Bevölkerung vor Gefahren wie Luftangriffen, Überschwemmungen als Folge von Talsperrenbruch, atomaren, biologischen und chemischen Verseuchungen. Daneben wird er beim Schutz von lebenswichtigen Bauten eingesetzt oder trifft Maßnahmen im Bereich der Elektrizitätswirtschaft (Absenken von Stauseen usw.). Er betreut Kriegsgefangene und Internierte und organisiert die Wehrwirtschaft.
– Die *Transporttruppen*. Zu ihnen gehören die Straßenpolizeiformationen und Tausende von Chauffeuren, die jedoch nicht in eigenen Rekrutenschulen ausgebildet, sondern aus Landwehr und Landsturm rekrutiert werden.
– Die *Materialtruppen*. Das komplizierte und kostspielige Material der Armee muß sorgfältig gewartet und bei Pannen an Ort und Stelle oder in zurückgeschobenen Werkstätten repariert werden. Dafür sorgen Materialsoldaten, Mechaniker (mit 22 verschiedenen Spezialausbildungen), Sattler, Elektroniker usw.
– *Die Versorgungstruppen*. Ihre Aufgabe ist in erster Linie die Versorgung der kämpfenden Truppe mit Lebensmitteln und Betriebsstoffen. Dafür werden Rekruten zu Magazin-, Metzger-, Müller- und Bäckersoldaten ausgebildet. Die Gerätewarte betreiben Trinkwasseraufbereitungsanlagen und sorgen für den Betriebsstoffumschlag.

Der große Buchhalter. Das Oberkriegskommissariat, das berühmte OKG, ist die Zentralstelle für das Rechnungs-, Verpflegungs- und Betriebsstoffwesen. Es beschafft und verwaltet aber auch die Munitionsreserven und betreut das Unterkunftswesen. Jedes Jahr zahlt das OKG rund 73 Millionen Franken Sold, 44 Millionen für Verpflegung, 31 Millionen für Unterkünfte, 10,7 Millionen für Bahnbillette. Und pro Jahr kauft es für 23 Millionen Franken Lebensmittel und für 125 Millionen Betriebsstoffe ein.

Das OKG ist vor allem der Schrecken der Fouriere. Denn diese Zentralstelle kontrolliert die Buchführung der Armee und ist gleichzeitig ihre Registrierkasse. Die 14 Versorgungsregimenter zählen insgesamt 28 000 Mann. Dazu kommen die in die Truppen integrierten 2400 Quartiermeister und Munitionsoffiziere, 7200 Fouriere, 7600 Fouriergehilfen und 6700 Küchenchef-Unteroffiziere. Zusammen sorgen sie für 12 Millionen Verpflegungstage pro Jahr und geben täglich 33 000 Rationen aus.

Von allerhand Spezialisten. Spezialisten für Atom-, chemische und biologische Waffen, Experten für Staudämme, Nachrichten- und Sicherheitsdienstler, Meteorologen und Topographen: Die Armee holt eine Fülle von Spezialisten aus ihrer kämpfenden Truppe heraus, um sie in einem der verschiedenen Dienstzweige oder in besonderen Organisationen und Formationen einzusetzen.
– Die Heerespolizisten wie die Feldpöstler sind meist Berufsleute.

– Die Militärmusiker, -trompeter und -tambouren dienen in den Bataillonsspielen; gestandene Musikanten werden im Armeespiel zusammengefaßt... vor allem, wenn sie in der Region Bern wohnen, da sie häufig für repräsentative Veranstaltungen in der Bundeshauptstadt, aber auch im Ausland aufgeboten werden.
– Es gibt kein Schweizer Regiment ohne seine beiden Feldprediger, einen katholischen und einen reformierten Pfarrer. Doch trotz des großzügig verliehenen Hauptmannsgrads hat die Armee ernsthafte Schwierigkeiten bei der Rekrutierung von Geistlichen, die bereit sind, Landesverteidigung und christliche Nächstenliebe auf einen Nenner zu bringen.

Weitere Spezialdienste sind die Veterinärtruppen (mit Hufschmieden und Tierärzten, die auch die Fleischschau besorgen), der Munitionsdienst, die Militärjustiz, der Truppeninformationsdienst, das Stabssekretariat, der Militäreisenbahndienst und die Mobilmachung. Besondere Organisationen sind der Hilfsdienst (HD) sowie die bereits erwähnten Dienste wie MFD, RKD, das Festungswachtkorps mit seinen 1900 Berufsmilitärs, das UeG, der Generalstab, das Instruktionskorps und die Militärische Verkehrskontrolle.

Zuständig für die Gesundheit. Die mit der «Reparatur des Menschenmaterials» und dem Unterhalt der Körper betrauten Sanitäter sollten eigentlich Elitesoldaten sein. Das ist in allen Ländern so, die in diesem Jahrhundert Kriege erlebt haben.

Während Jahrzehnten hat die Armee für ihre «intellektuelle» Truppe nicht nur Medizinstudenten rekrutiert, sondern einen kunterbunten Haufen von mehr oder weniger kritisch Denkenden. Man ist weit entfernt von Elitetruppen, die unter Todesverachtung ihren verwundeten Kameraden zu Hilfe eilen.

Einmal mehr wurde der Faktor «Motivation» vernachlässigt. Dabei weiß man im Ausland, daß die Qualität der Sanitätstruppen den Mut der Kämpfer beflügelt. Verständlich, daß sich diese eher einsetzen, wenn sie auf rasche und gute Pflege zählen können. Die Sanitäter müßten eigentlich als Logistiker des Kampfesmuts betrachtet werden!

Da sie diese Mängel kennen, haben die Armeeführer ihre Kriterien für die Sanitäterrekrutierung geändert. Trotzdem wird diese Truppe noch lange unter ihrem schlechten Image zu leiden haben.

Neben den eigentlichen Sanitätstruppen und Spitalregimentern gibt es heute allerdings die Truppensanitäter. Zwei Mann pro Sektion sind da, wo gekämpft wird. Der Moral tut's gut...

Die feldgrauen Spitäler. In Kriegszeiten müssen 15 Promille der Soldaten und Tausende von Zivilisten jederzeit rasch hospitalisiert werden können, und zwar hat jeder Verletzte oder Kranke Anrecht auf die gleiche Pflege. Öffentliche, private und militärische sanitarische Dienste arbeiten dabei zusammen, und zwar im Koordinierten Sanitätsdienst. Neben den 13 Spitalregimentern, die auf die Notspitäler und andern Sanitätsstellen des ganzen Landes verteilt sind, wird ein großer Teil des Pflegepersonals vom Roten Kreuz gestellt.

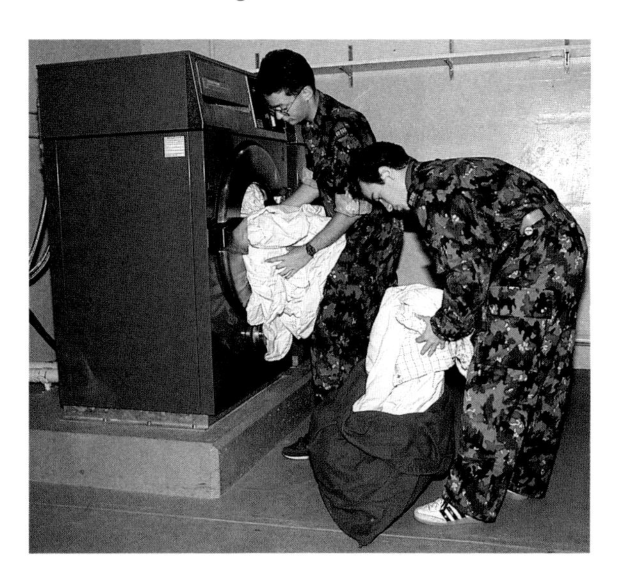

«Große Wäsche» in einem Militärspital.

Der Koordinierte Sanitätsdienst wird jedoch von einer Fraktion der politischen Linken kritisiert: «Angesichts der modernen Massenvernichtungsmittel werden die Spitäler im Kriegsfall in kürzester Zeit überfüllt sein. Diese sanitarischen Vorbereitungen haben eine gefährliche Unterschätzung der wirklichen Gefahren zur Folge.» Dem erwidern die Militärs: «Nur weil ein Krieg mörderisch sein wird, kann man doch nicht darauf verzichten, sich auf ihn vorzubereiten!»

Rund vierzig Militärspitäler, die zum großen Teil unterirdisch angelegt sind, sollten jedes 500 Patienten aufnehmen und pro Tag 96 Operationen durchführen können. In Felskavernen sind Apotheken und Produktionsanlagen für verderbliche Medikamente eingerichtet. Und auch die zivilen Spitäler verfügen über einen geschützten Bereich für Kriegs- oder Katastrophenbetrieb.

Die Welt der Verwaltung

Defilees und Rüstungsschauen sind jedesmal ein Erfolg, ungeachtet der mehr oder weniger heftigen Proteste der Armeegegner. Im März 1979 wohnen über 250 000 Besucher dem Aufmarsch der Felddivision 6 bei. Rund 40 000 sehen sich Mitte Juni 1986 das Defilee der 2. Division in Neuenburg an, das von 144 Gönnern aus der Privatwirtschaft finanziert worden war. Im November desselben Jahres lockt das Monsterdefilee des FAK 4 Scharen von Besuchern nach Dübendorf.

Gegendemonstrationen von Pazifisten und Armeegegnern gibt es selbstverständlich auch. Aber in Zürich bringen sie weniger als 2500 Manifestanten auf die Beine, in Neuenburg gar nur gerade eine Hundertschaft. Mehr oder weniger vergeblich protestiert auch die SP gegen diese «Selbstbeweihräucherung, die sich die Herren aus dem EMD verschreiben».

Doch wie steht es mit der Beliebtheit der Militärs im Schweizervolk? Sie schwankt je nach Umfrage. Von 1970 bis 1986 soll sie vor allem in der Deutschschweiz etwas gesunken sein.

1981 fanden laut einer Umfrage von Isopublic 81 Prozent der Schweizer, ihr Land müsse sich gegen jeden bewaffneten Angriff verteidigen; 12 Prozent waren anderer Ansicht (1970 hatten die Zahlen noch 75 zu 20 Prozent gelautet). Sowohl 1981 wie 1970 beurteilten 85 Prozent dieser Befürworter der Verteidigung die Armee als notwendig oder unerläßlich (87 Prozent der Deutschschweizer, 77 Prozent der Romands).

1983 kehrt der Soziologe Karl Haltiner die Frage um und findet 21 Prozent Schweizer, die ihr Land für nicht besonders verteidigungswürdig halten. Und 1985 zählt eine Umfrage der Vereinigung «Chance Schweiz» sogar 32 Prozent Skeptiker. Ebenfalls 1985 versichert das Institut J. M. Blanc, daß 13 Prozent der Schweizer die Armee als «überflüssig» oder «zu teuer» betrachten.

Bei dieser vom Militärdepartement bestellten Umfrage überrascht, daß die Armee in der Welschschweiz beliebter zu sein scheint als östlich der Saane; insgesamt hätte sie jedoch seit 1982 rund 16 Prozent Ansehen eingebüßt. Ergebnisse, die noch zu bestätigen wären.

Dennoch beweisen sie eines: Die Schweizer stehen mit einer starken Mehrheit hinter ihrer Armee. Allerdings zeigen sie auch, daß das Image der Truppe zwar hervorragend, jenes des EMD jedoch nur mittelmäßig ist.

Das Eidgenössische Militärdepartement (EMD). Vorgängig haben wir die helvetische Streitmacht vorgestellt. Ihr Nervenzentrum befindet sich im Berner «Pentagon», in den Bürofluchten des von anmutigen Rhododendrenrabatten gesäumten Bundeshaus-Ostflügels, der mit raffinierten elektronischen Überwachungsanlagen gespickt ist.

Gruppe für Generalstabsdienste (GGST). Der Generalstabschef und der Ausbildungschef sind die ersten Garanten für die Glaubwürdigkeit der Armee, und ihre Aufgaben sind denn auch gleich wichtig. Dennoch gibt es eine Rangordnung zwischen den beiden Männern; der jeweils in seiner Funktion Dienstältere ist gleichzeitig der höchste Offizier in Friedenszeiten.

Auftrag des Generalstabschefs ist, der Schweiz die Mittel gegen jede Bedrohung zu geben; er hat die Gefahren vorauszusehen, das Verteidigungskonzept den technischen Entwicklungen anzupassen, Mängel zu beheben, langfristig zu planen. Er hat die Verantwortung für die operative Kriegsbereitschaft, insbesondere für die Maßnahmen bei erhöhter Gefahr, der Mobilmachung, des Aufmarsches und des Einsatzes der Armee unter Einschluß von Fragen der Führung, des Nachrichtendienstes und der Abwehr, der Versorgung, der Transporte, des Territorialdiensts und des AC-Schutzdiensts. Er legt darüber hinaus die Anforderungen an das Kriegsmaterial fest, ordnet Truppenversuche an und leitet die Generalstabskurse.

Gruppe für Ausbildung (GA). Der Ausbildungschef ist für die soldatische, taktische und technische Ausbildung, also die Kampfbereitschaft in den Rekruten- und Kaderschulen sowie den zentralen Schulen und Kursen zuständig. Er erstellt den jährlichen Dienstleistungsplan für die Kurse im Truppenverband, regelt die Belegung der Waffen-, Schieß- und Übungsplätze, ist für das Instruktionskorps, für Fragen der geistigen Wehrbereitschaft, der außerdienstlichen Vor- und Weiterbildung sowie des Schießwesens und Wehrsports zuständig. Der Auftrag des Ausbildungschefs umfaßt aber vor allem auch die Verantwortung für das Funktionieren der

Militärmaschinerie, wenn sich diese eines Tages im Ernstfall bewähren müßte.

Gruppe für Rüstungsdienste (GRD). «Mirage-Affäre», «Skandalpanzer 68»: Die hauptsächlichen Rüstungsbeschaffungen müssen in einem Land, das mehr «Militärexperten» als Milizsoldaten hat, zu unaufhörlichen Streitereien führen. Der Rüstungschef hat damit eine geradezu unmögliche Aufgabe: Er muß die besten Waffen und Ausrüstungen in kürzester Zeit zum niedrigsten Preis beschaffen. Und dies alles, ohne es mit den Militärs, die modernste Technologie fordern, der Industrie und den Gewerkschaften, die Arbeit für die Schweiz wollen, und den Linken zu verderben, die immer wieder nach Einsparungen rufen oder die Beschaffung rundweg ablehnen.

Seine Aufgabe wird noch dadurch erschwert, daß er völlig unparteiisch unter den verschiedensten Waffensystemen und -modellen auswählen sollte, obwohl er gleichzeitig Chef der sechs eidgenössischen Rüstungsbetriebe ist. Und als solcher muß er für die Vollbeschäftigung von rund sechstausend Arbeitern und Angestellten kämpfen.

Bei den Schweizer Eigenkonstruktionen Panzer 61 und 68 sind nachträglich immer mehr Mängel zutage getreten. Und man munkelt, die Tanks seien bei der Eidgenössischen Konstruktionswerkstätte vor allem bestellt worden, um die Vollbeschäftigung zu sichern. Diese Schwierigkeiten führten zu Beginn der achtziger Jahre zu einer Reorganisation der GRD. Seither ist der Generalstabschef zuständig für die Anforderungen an das Kriegsmaterial. Er leitet den Rüstungsausschuß, in dem auch der Rüstungs- und Ausbildungschef sowie bei Bedarf der Kommandant der Flieger- und Fliegerabwehrtruppen zusammenkommen.

Der Kommandant der Flieger- und Fliegerabwehrtruppen ist gleichzeitig militärischer Kommandant und Chef einer Verwaltungsgruppe, die für die Bereitschaft der Luftkriegsmittel sorgt und Fragen der Luftkriegführung bearbeitet.

Der Direktor der Militärverwaltung ist der Generalsekretär des EMD. Er bearbeitet die Geschäfte, die das Departement dem Bundesrat und dem Parlament vorzulegen hat, und ist zuständig für die Personalangelegenheiten des Departements sowie die allgemeine Verwaltung und die Öffentlichkeitsarbeit.

Die Waffenchefs leiten als Direktoren die Bundesämter der Truppengattungen und organisieren die Schulen und Kurse. Sie stehen an der Spitze der Instruktionskorps der jeweiligen Truppengattung und verwalten die vom Bund zu bildenden Einheiten und Stäbe. Die Direktoren der andern EMD-Bundesämter mit Truppen üben entsprechende Funktionen aus.

Schweizer Perfektionismus. Vor jedem Kauf evaluieren, prüfen die Schweizer Militärs das Material, das sie beschaffen möchten. Und das machen sie so sorgfältig, daß Liefer- und Käuferstaaten ebenso wie ausländische Rüstungsbetriebe ihren Rat suchen. Doch dieser Perfektionismus verschlingt Zeit und Unsummen. Divisionär Heinz Häsler, ehemaliger Armeeplaner, meint: «Die 10 Prozent, die häufig das Gute vom Perfekten trennen, kosten manchmal 40 Prozent mehr.» Die Rüstungskosten steigen zudem derart, daß die Schweiz in keinem Fall weiterhin in allen Bereichen neue Waffen kaufen kann. Sie muß beim Perfektionismus Abstriche machen und alles flicken, was zu flicken ist. Laut Häsler «muß man in der Armee die Mentalität des Armen einführen, der überleben will».

Die Industrie wacht. Bei der Rüstungsbeschaffung ist die Schweizer Industrie immer dabei. Trotzdem hat die Schweiz aus mangelnder Risiko- oder Innovationsbereitschaft häufig darauf verzichtet, die teuersten Waffensysteme selbst herzustellen. Sie kauft den deutschen Leopard und schubladisiert das eigene Panzerprojekt, sie gibt auch die Schweizer Raketenartillerie auf, die Kanone 68 mit einer Reichweite von 30 Kilometern, die im Ausland uneingeschränkt bewundert wurde, die Flugzeuge N 20 und P 16 (der Flügel dieses nach einigen Tauchern in Schweizer Seen endgültig «ertränkten» Erdkämpfers trägt heute den hervorragenden Learjet).

1964 zieht die Mirage-Affäre die Bildung mehrerer Kommissionen nach sich, die bei großen Rüstungsbeschaffungen als Sicherungen wirken sollten. Auch hier ist die Industrie immer dabei.

– Eine erste, sogenannte Rüstungskommission besteht aus 10 Vertretern der Wissenschaft und Privatindustrie; sie berät den Rüstungs- und den EMD-Chef. 1978 erklärt der Bundesrat, diese Rüstungskommission führe nicht zu einer unerwünschten, ja unzulässigen Vermischung der Interessen von Landesverteidigung und Privatwirtschaft. Sie sei nützlich, ja unerläßlich und hochqualifiziert.

– Eine weitere beratende Kommission mit drei Mitgliedern aus Wirtschafts- und Gewerkschaftskreisen beraten den EMD-Vorsteher bei der Aufteilung der Aufträge zwischen Privatwirtschaft und eidgenössischen Rüstungsbetrieben.

Um den Konkurrenzkampf zwischen Privat- und Staatsbetrieben zu beenden, fand der Bundesrat dann den Dreh: die Ernennung eines für die Industrie absolut glaubwürdigen Rüstungschefs. Im Juli 1984 trat Felix Wittlin, ehemaliger Instruktionsoffizier, Brigadier und stellvertretender Generaldirektor von Brown Boveri, sein Amt an. Alles ist zufrieden... sogar die welschen Betriebe, die verbissen für einen größeren Anteil am EMD-Kuchen kämpfen (vgl. Seite 20).

Was kostet uns die Verteidigung?

Die Armee fordert gewaltige Opfer, bringt aber auch Aufträge, technisches Know-how, Tausende von Arbeitsplätzen, blendende Karrieren und gelegentlich, wenn auch weniger häufig, Geld. Doch wie teuer kommt uns diese schweizerische Gesamtverteidigung zu stehen? Und vorerst, was kostet uns die Armee?

Offiziell gibt heute jeder Schweizer pro Jahr 663 Franken für die Armee aus (1960: 178 Franken). Das sind 2 Prozent des Bruttosozialprodukts (1960: 2,4 Prozent). Offiziös hingegen schätzt man den Pro-Kopf-Betrag auf 1000 Franken. Es kommt eben immer auf die Aufbereitung und Interpretation des Zahlenmaterials an.

Gewerkschaftszeitungen behaupten: «10,6 Millionen pro Tag, 443 000 Franken pro Stunde, 7396 Franken pro Minute – 1983 beläuft sich das gigantische Defizit der Armee auf 3887 Millionen Franken, ohne die 272 zusätzlichen Millionen für den Wiederankurbelungsplan.»

Die offizielle Schweiz redet eine andere Sprache: «Mit 2 Prozent des Bruttosozialprodukts lag das Schweizer Militärbudget 1979 unter den Anstrengungen unserer Nato-Nachbarn (zwischen 3 und 4%) und damit weit unter den Rüstungsanstrengungen der Warschauer-Pakt-Staaten.»

Doch Bern relativiert diese Aussage selbst: «Unser Bruttosozialprodukt pro Kopf ist 17 Prozent höher als jenes der Bundesrepublik und 50 Prozent höher als in Österreich, Frankreich oder den Niederlanden.» Außerdem «reduzieren das wirtschaftliche Milizsystem, die kurze Dienstzeit, das Lohnausgleichssystem, die Bezüge der Offiziere und die freiwillige Weiterbildung die Betriebskosten in hohem Maß und ermöglichen es, mehr Mittel für die Rüstungsbeschaffung oder die Geländeverstärkung einzusetzen.»

Das kostet die Armee den Bund

(Schätzungen aufgrund der Ausgaben von 1985)	In Mio. Fr.
Ausbildung und Kurse	994
Kauf von Kriegsmaterial	2408
Bauten und Installationen	209
Unterhalt und Betrieb	1016
Verwaltung	188
Leistungen der Militärversicherung	224
Gesamtkosten für den Bund (ohne Kantone)	5039

Anmerkung: 1985, im Jahr der Leopard-Beschaffung, betrug der Anteil der Landesverteidigung 22 Prozent der gesamten Ausgaben des Bundes.

Die Kosten der Gesamtverteidigung	In Mio. Fr.
Militärausgaben des Bundes	5039
Zivilschutz	202
Wirtschaftliche Landesversorgung	16
Geistige Landesverteidigung	10
Kantons- und Gemeindebeiträge an die Armee	130
Kantons-, Gemeinde- und private Beiträge an den Zivilschutz	400
Beitrag der Privatwirtschaft und freiwillige Leistungen	2500
Total	8297

Korrekterweise müssen zu diesem Betrag die beiden folgenden Posten addiert werden:

1. Die Lohnausfallentschädigungen für Militärpersonen. Diese 711 Millionen Franken (1985) stammen nicht aus der Staatskasse, sondern werden durch eine allgemeine Einkommenssteuer von 0,6 Prozent finanziert. Lohnbezüger und Arbeitgeber tragen sie zur Hälfte.

2. Hinzu kommt die Schweizer Landwirtschaft, die nicht zuletzt aus Gründen der Kriegsvorsorge weitgehend vor der ausländischen Konkurrenz abgeschirmt ist. Das kostet jährlich 5 bis 6 Milliarden Franken, davon übernehmen Bund und Kantone 2,5 Milliarden. Da die Versorgung in Kriegszeiten eines der Hauptargumente für die Unterstützung der einheimischen Landwirtschaft ist (Rationierung und Anbauschlacht im Zweiten Weltkrieg bleiben unvergessen), muß auch ein Teil dieser Kosten auf die Rechnung der Landesverteidigung gesetzt werden, und zwar rund 600 Millionen Franken.

Zusammenfassung

	In Mio. Franken
Kosten der Landesverteidigung	8297
Lohnausfallentschädigungen	711
Kosten der landwirtschaftlichen Vorsorge	600
Total	9608

Die Moral der Geschichte: 1987 dürften die Kosten für die Landesverteidigung die Schwelle von 10 Milliarden Franken überschritten haben. Jeder Schweizer gibt heute rund 1900 Franken pro Jahr dafür aus. Doch im allgemeinen ist er ganz begeistert...

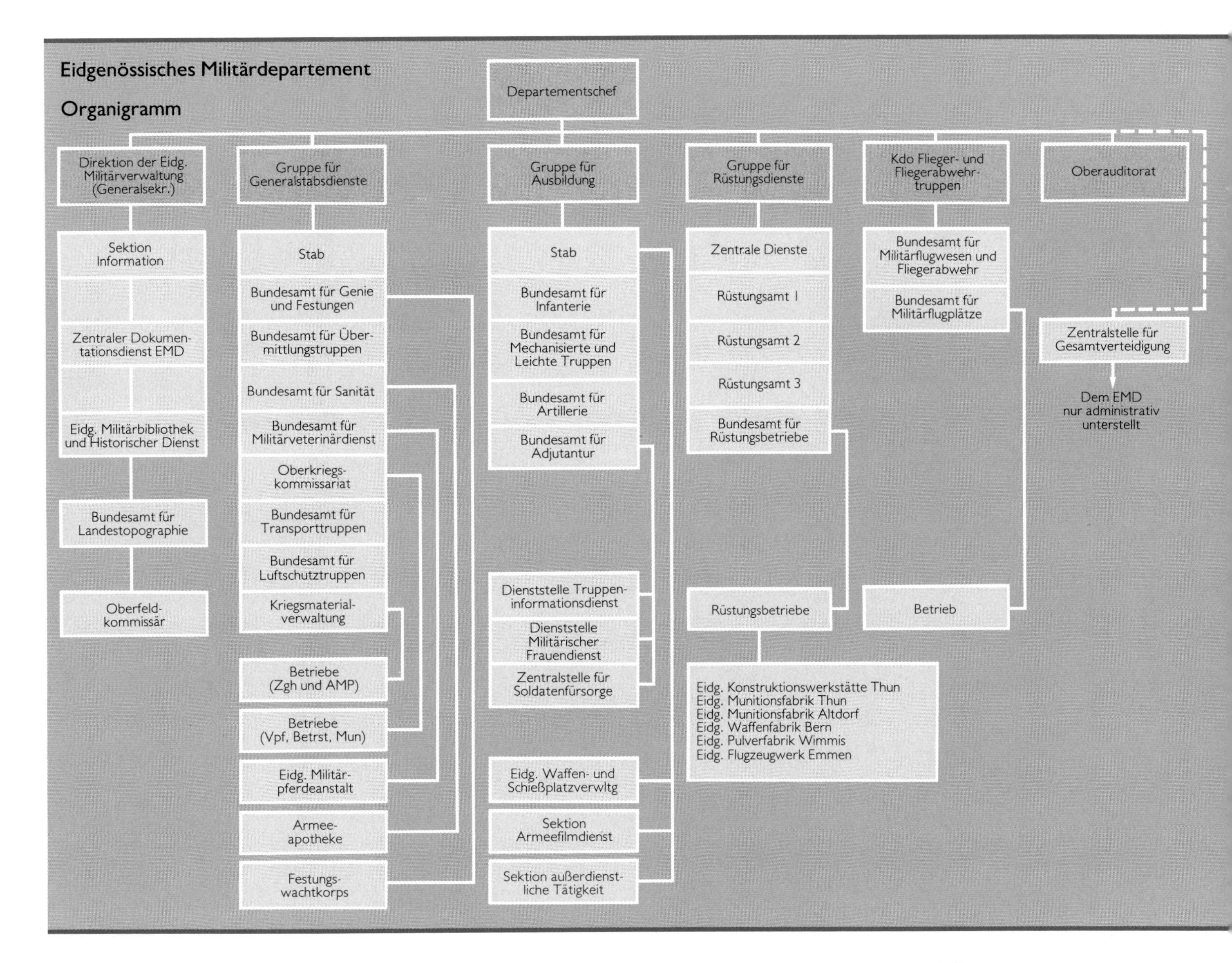

In einem so stark besiedelten Land wie der Schweiz hätte die Zivilbevölkerung am meisten unter den Kämpfen zu leiden, eine Tatsache, die durch die letzten Kriege bestätigt wurde. Die Luftschutztruppen haben die Aufgabe, der Bevölkerung bei Bombardierungen, Bränden und andern Katastrophen kriegerischen oder elementaren Ursprungs zu helfen. Vordringlich wäre im Ernstfall die Verstärkung des Zivilschutzes in den Ballungsgebieten.

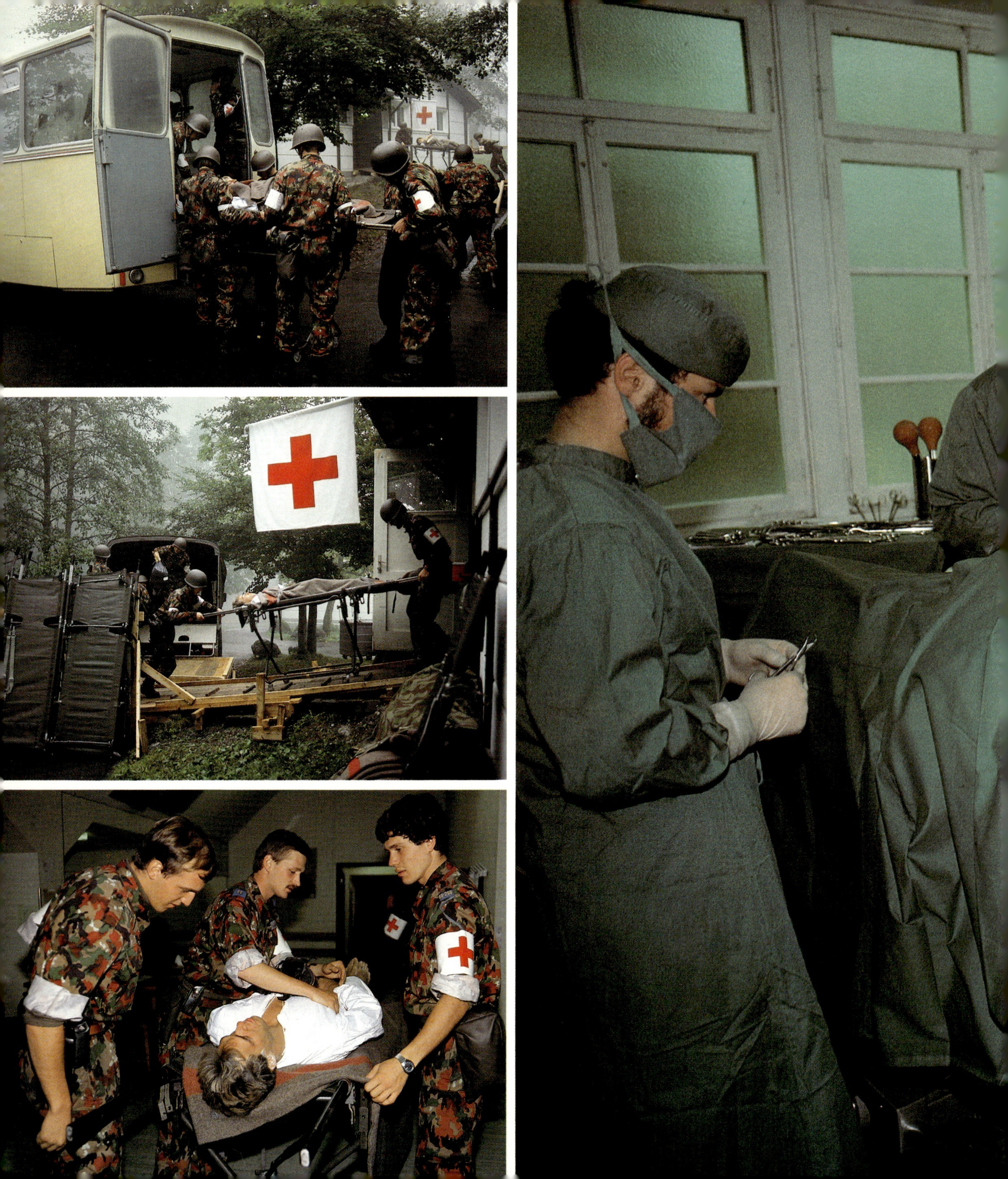

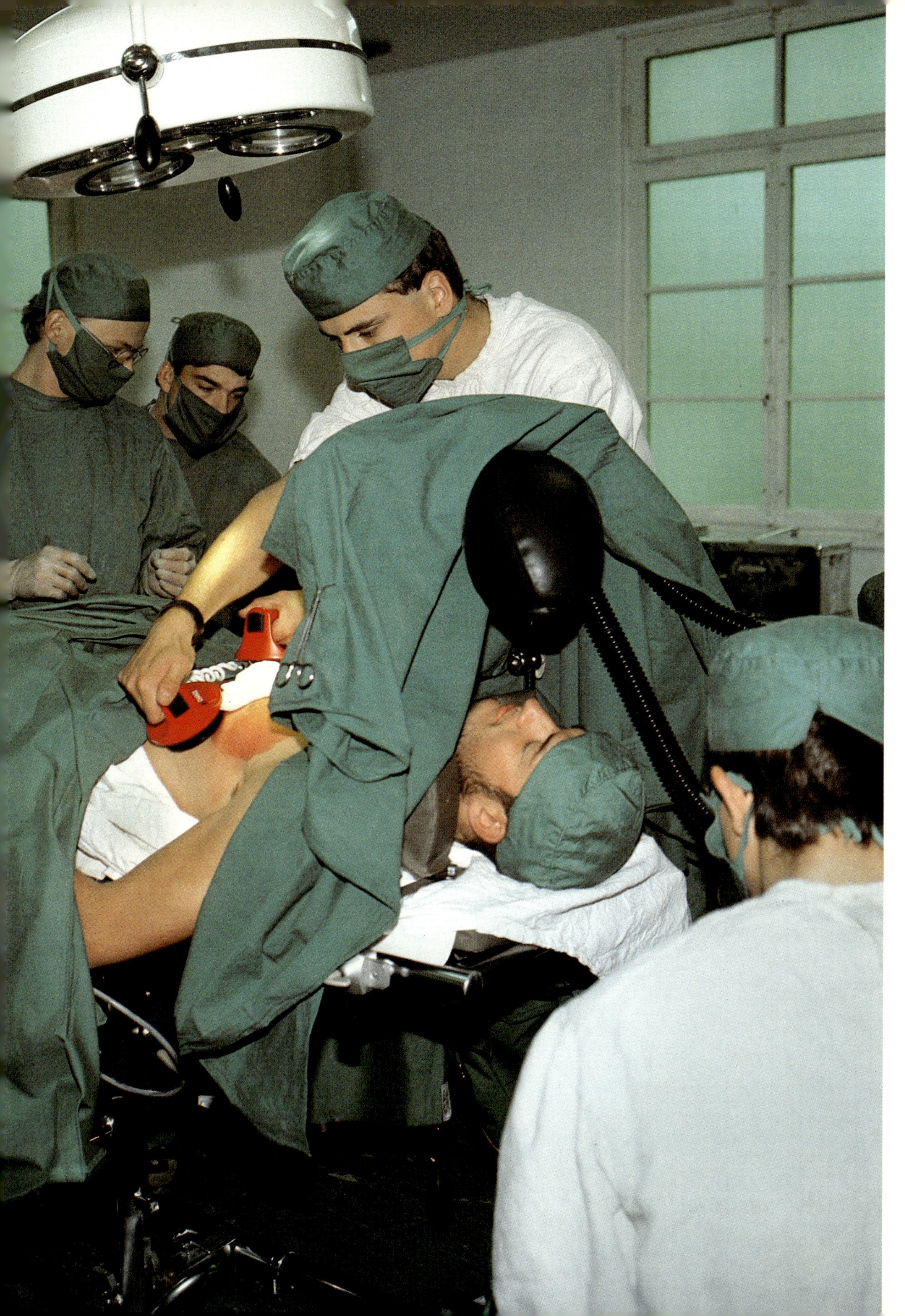

Im Militärspital in Melchtal.

Die Verwundeten treffen in einem requirierten und in eine Ambulanz verwandelten Postbus ein.

Nach dem Transport wird sofort die Schwere der Verletzungen examiniert. Erste Hilfe haben die Kameraden geleistet, die den Verwundeten entdeckten und ins Verwundetennest transportierten, wo der Zugssanitäter die Maßnahmen kontrollierte und notfalls ergänzte. Dann wurde der Verwundete in eine Sanitätshilfsstelle gebracht, wo er erste Pflege erhielt.

In schweren Fällen operiert ein komplettes Chirurgenteam im Notoperationssaal des Militärspitals.

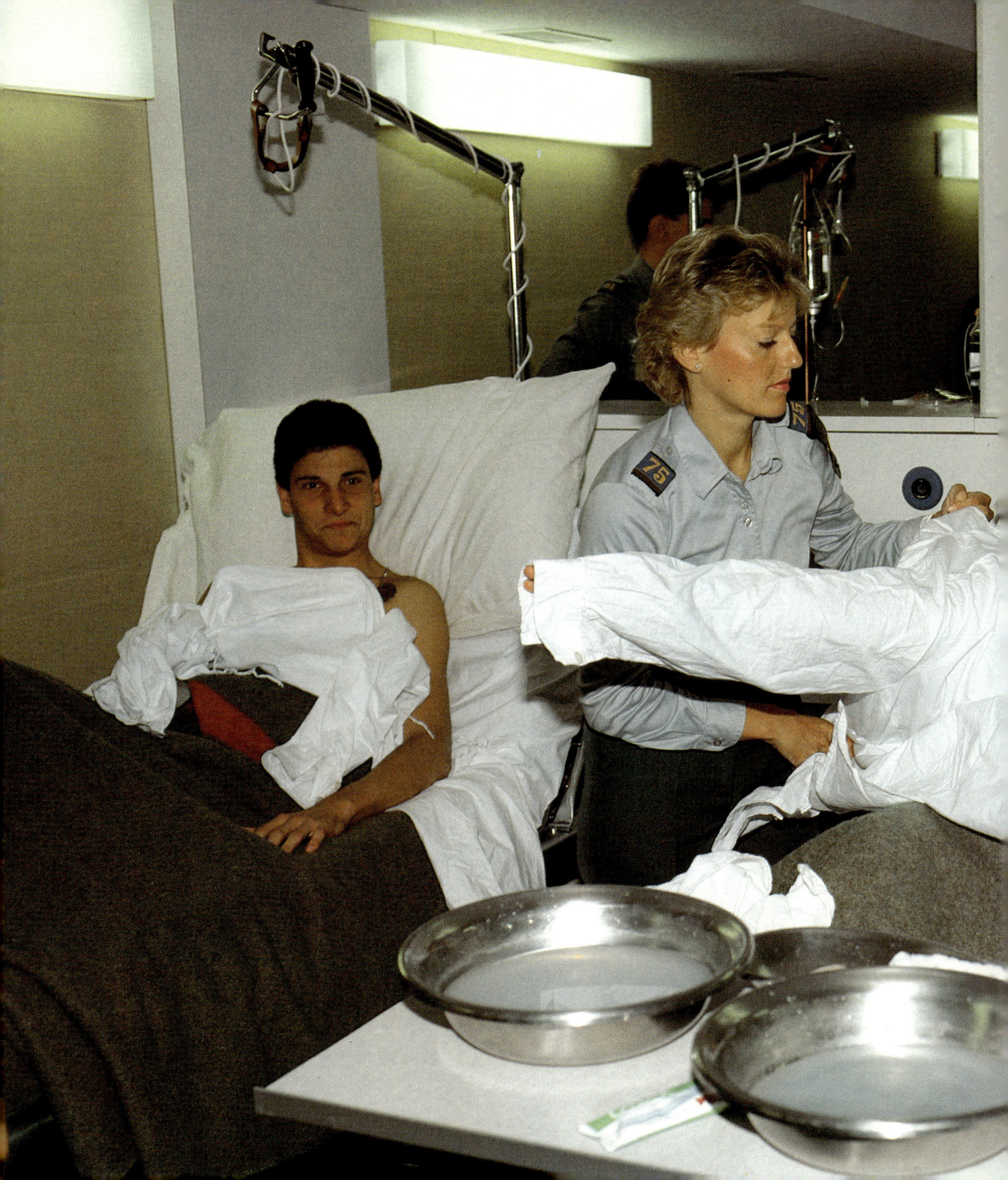
75

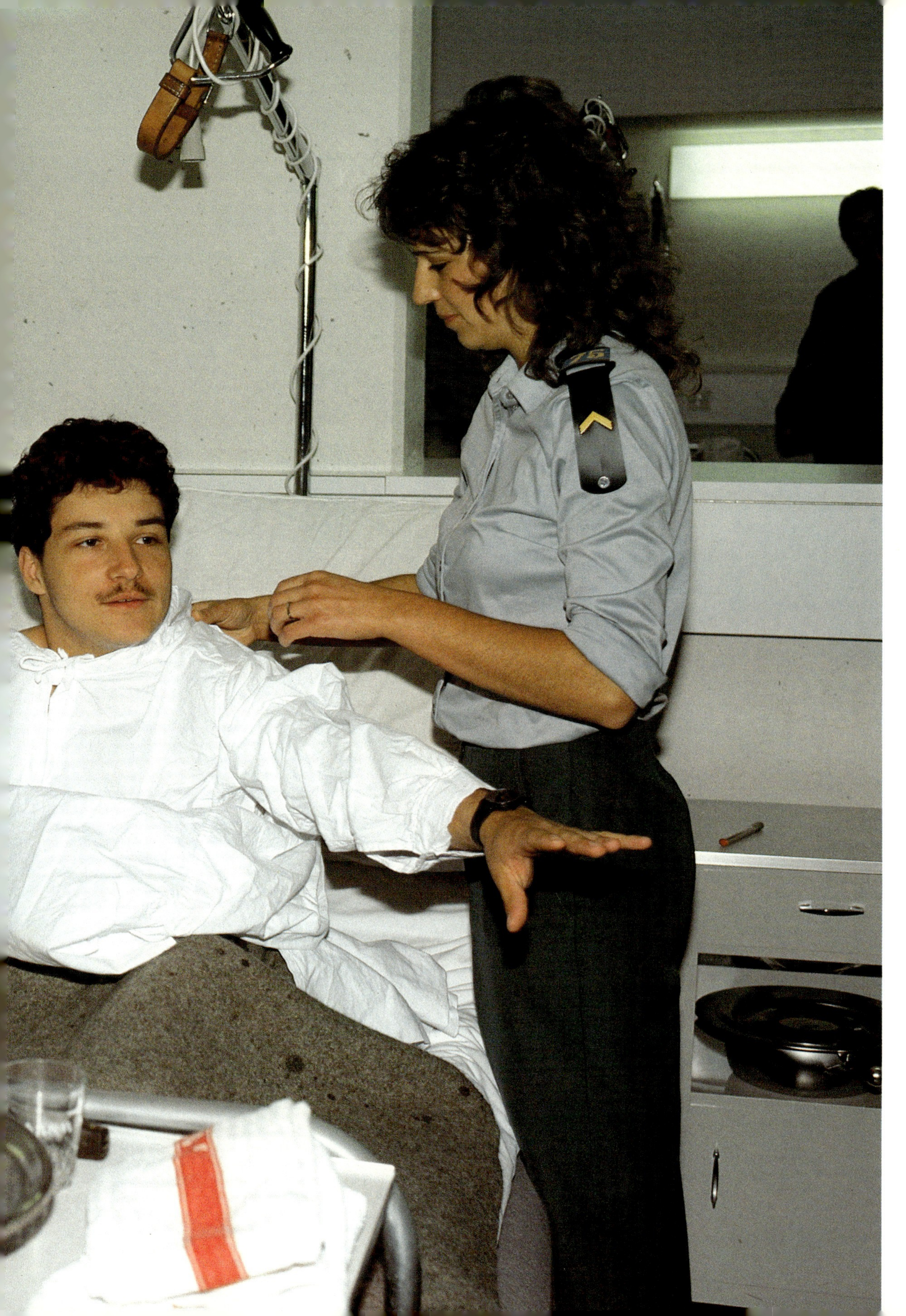

Der neue Rotkreuzdienst sucht verzweifelt Krankenschwestern – genauso wie die zivilen Spitäler unseres Landes. Der Personalmangel ist so groß, daß der Fortbestand des RKD in Frage gestellt ist.

Die Sanitäter müssen auch auf den Einsatz von Atomwaffen und chemischen sowie biologischen Kampfstoffen vorbereitet sein.

Hier nehmen die Sanitäter – wieder im Militärspital in Melchtal – einen mit chemischen Kampfstoffen Kontaminierten in Empfang.

Der verseuchte Soldat wird entkleidet, mit Antidoten eingepudert, gewaschen und passiert dann eine Entgiftungsschleuse, bevor er in der Spitalabteilung aufgenommen wird.

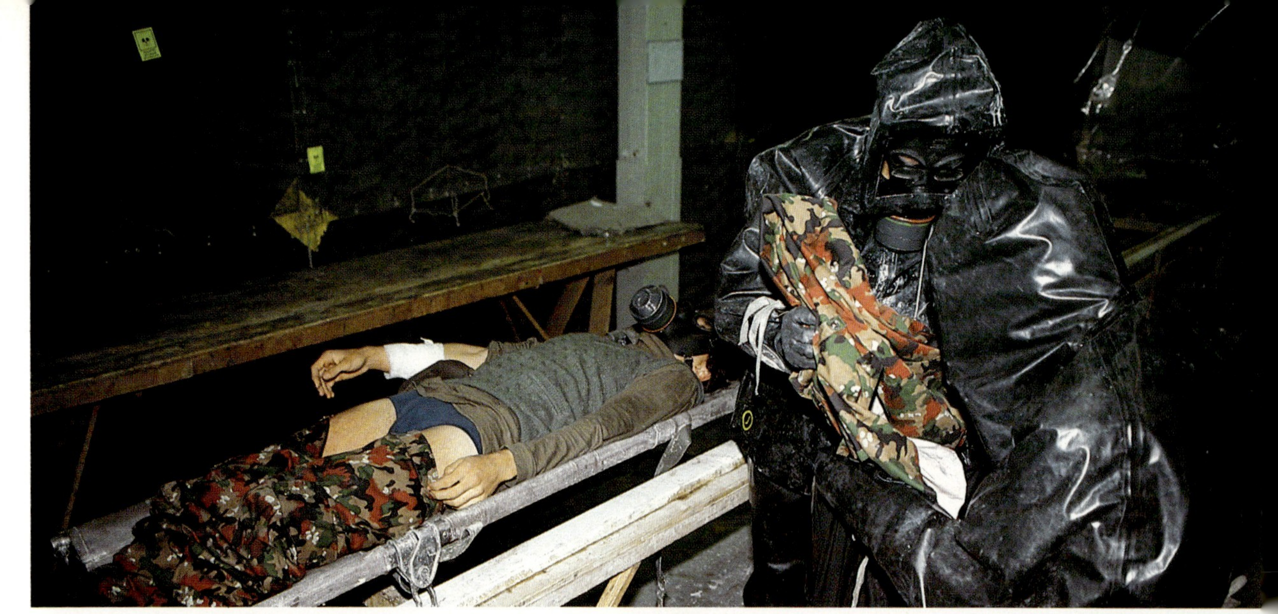

Nachwort

Was wird der Schweizer Bürger in Uniform morgen sein? Ein Informatiker oder ein Widerstandskämpfer? Weder das eine noch das andere. Denn sein Land hat weder die Mittel, um im Rüstungswettlauf mitzuhalten, noch den Willen, die Besetzung durch eine fremde Macht hinzunehmen.

Am 8. Dezember 1987, während des Gipfeltreffens Reagan–Gorbatschow in Washington, haben die USA und die Sowjetunion das Abkommen über die Beseitigung der nuklearen Mittelstreckenwaffen unterzeichnet. Ist damit ein historischer erster Schritt zur weltweiten Abrüstung getan? Die vorsichtigen Schweizer Militärs betonen, daß dieser Vertrag kurzfristig weder unsere Landesverteidigung noch deren Bedrohungsszenario verändert. Generalstabschef Eugen Lüthy ist jedoch überzeugt, daß dieses INF-Abkommen Türen für die Zukunft öffnet. Doch was wäre, wenn die Großen einmal – nach der Abschaffung sämtlicher Atomwaffen – über eine Verringerung der konventionellen Streitkräfte zu verhandeln begännen? Dazu Korpskommandant Lüthy: «Das könnte unsere Lage nur verbessern, denn wenn die Schlagkraft potentieller Angreifer verringert wird, erhöht sich automatisch diejenige unserer Verteidigung... und damit deren Glaubwürdigkeit.» Der eingeleitete Abrüstungsprozeß im nuklearen Bereich bestärkt also die Schweizer Militärs in ihrer Überzeugung, die richtige Wahl getroffen zu haben.

Die Schweizer Armee wird im Ausland beachtet, doch es ist vor allem der Sympathiebonus bei der eigenen Bevölkerung, den ihr Militärattachés und Beobachter aus aller Welt neiden. Hier blicken Absolventen der Pariser Ecole supérieure de guerre bei einer Demonstration der Dragon-Panzerabwehrlenkwaffe selbst durchs Visier. Die Schweizer haben diese drahtgesteuerte amerikanische Einmannwaffe so raffiniert verbessert, daß heute die USA die helvetische Lizenzproduktion beziehen. Schweizer Stabs- und vor allem Instruktionsoffiziere drücken übrigens seit Jahrzehnten die Schulbänke der Pariser Ecole supérieure, der bedeutendsten europäischen Militärakademie.

Deshalb wird die Schweizer Armee ihren eigenen Weg der Verteidigung fortsetzen, irgendwo in der Mitte zwischen den Mächtigen und den Kleinen dieser Welt. Sie wird es tun können dank dem festen Engagement einer großen Mehrheit der Bürger dieses Landes. Der im Volk so verwurzelte und lebendige Verteidigungswille ist ein Schatz, den ausländische Militärs unseren Armeeführern neiden. Zu diesem Schatz, schlicht Motivation genannt, sollten die Führer unserer Milizarmee Sorge tragen. Denn es wird nie eine glaubwürdige Landesverteidigung außerhalb des demokratischen Wollens, eine ernstzunehmende Armee ohne den Einsatz der großen Mehrheit der Bürger geben.

Das demokratische Regime ist nicht das beste, denn es ist in den Händen der Mehrheit. Und es gibt genug Beispiele, die zeigen, daß Mehrheiten tyrannisch sein können. Aber bekanntlich ist die Demokratie die beste aller schlechten Regierungsformen. Und wenn sie sich eine Verteidigungsstreitmacht geschaffen hat, dann kann diese nur unter Beachtung der demokratischen Prinzipien und Gesetze funktionieren, zumindest in Friedenszeiten. In dieser Hinsicht sind die verschiedenen Abstimmungen über Initiativen von Armeegegnern weder Fehler noch ein Verrat an der schweizerischen Tradition. So sinnvoll oder unsinnig sie politisch sein mögen, sie beweisen, daß die Institutionen auch funktionieren, wenn Tabus in Frage gestellt werden. Und sie erlauben es den Landesverteidigern, ihre Anhänger und ihre Gegner zu zählen, Klarheit zu gewinnen.

Doch warum verbietet man den Einzug demokratischer Methoden in der Armee? Aus Gründen der Effizienz, der Glaubwürdigkeit? Die echte Disziplin, jene, die das höchste Gut, das Leben, fordert, kann nur mit natürlicher Autorität verlangt werden, nicht mit Drohungen oder der Angst vor Strafen, denn Mut ohne Motivation gibt es nicht. Nur dank dem persönlichen Willen und Einsatz eines jeden wird es möglich sein, sich dem modernen Krieg und seinen grauenhaften Massenvernichtungsmitteln zu stellen.

Die Grundsatzfrage ist: Soll die Schweiz auf jede bewaffnete Kraft verzichten und ihr friedliches Beispiel durchzusetzen versuchen? Das wäre wunderbar, aber vollkommen unrealistisch in dieser Welt, in der ein kleines Land nicht die geringste Chance hat, Recht zu schaffen, zumal wenn es nur über friedliche Mittel verfügt.

Was ist also zu tun? Dieses Land muß fortfahren, seine Verteidigung zu organisieren, und Fallstricke wie naiven Pazifismus ebenso vermeiden wie die Angst vor dem allgegenwärtigen Krieg, die Militarisierung der Gesellschaft. Nie wird jemand die Schweiz wegen ihrer Verteidigungsvorbereitungen anklagen, man wird ihr höchstens vorwerfen, alle Anstrengungen darauf zu verwenden und darüber die größeren Zusammenhänge nicht zu sehen.

Nur ein richtig informiertes Volk wird das heikle Gleichgewicht zwischen einem Zuviel und einem Zuwenig an Verteidigung finden können. Wir vertrauen darauf, daß die Schweizer dazu fähig sind. Und wir hoffen, daß auch die militärischen Führer ihre Befürchtungen vergessen und dem Volk vertrauen. Ihr Auftrag, dieses Volk, dem es gut geht, auf schlechte Zeiten vorzubereiten, ist so notwendig wie undankbar. Doch es ist der Auftrag eines Landes, das zu verteidigen sich lohnt.

Inhaltsverzeichnis

«DIE ARMEE»

IDEE UND KONZEPTION FÜR DIESES BUCH WURDEN VOM MONDO-VERLAG ENTWICKELT

Verlagsdirektion: Paul H. Mayor – A. Alamir · Grafische und technische Realisation: Horst Pitzl
Maquette: Pierre Neumann · Grafische Darstellungen: Nicolas Koenig – Jacques Zanoli

Übersetzung aus dem Französischen: Robert Schnieper

ISBN Nr. 2-88168-025-9

Filmsatz und Druck: Buri Druck AG, Bern
Fotolithos: Ast + Jakob, Köniz · Bucheinband: Mayer & Soutter SA, Renens
Papier: Biber Papier AG, Biberist